김경호의 길

2011년 12월 19일 1판 1쇄 인쇄
2011년 12월 23일 1판 1쇄 발행

지은이 | 김경호
펴낸이 | 이종춘
펴낸곳 | BM 성안당

주 소 | 경기도 파주시 교하읍 문발리 출판문화정보산업단지 536-3
전 화 | 031-955-0511
팩 스 | 031-955-0510
등 록 | 1973. 2. 1. 제13-12호
홈페이지 | www.cyber.co.kr

ISBN 978-89-315-7565-1
정가 10,000원

이 책을 만든 사람들
기획 · 진행 | 최옥현
교정 · 교열 | 임현철
본문 디자인 | 이정인
표지 디자인 | 이정인
제작 | 박성주

Copyright ⓒ 2011 by Sungandang Company All rights reserved.
First edition Printed 2011. Printed in Korea.

이 책의 어느 부분도 저작권자나 BM 성안당 발행인의 승인 문서 없이 일부 또는 전부를 사진 복사나 디스크 복사 및 기타 정보 재생 시스템을 비롯하여 현재 알려지거나 향후 발명될 어떤 전기적, 기계적 또는 다른 수단을 통해 복사, 재생하거나 이용할 수 없음.

● **책을 내면서**

　짧지만 긴 세월이었습니다. 46년을 살아오면서 매순간 '길'을 선택해야 했습니다. 낯섦과 두려움이 가득했던 이전에 경험하지 못했던 '길'이었습니다. 때로는 저의 의지와는 상관없이 선택되어진 길을 가야만 할 때도 있었습니다.
　하지만 저는 그 '길' 속에서 삶의 지혜를 체득할 수 있었습니다. 때로는 제가 선택한 '길'에 대한 후회와 원망으로 견딜 수 없는 회한의 무게에 눌릴 때가 있었습니다. 때로는 그 선택한 '길'이 보다 나은 미래를 예약해주는 희망이었음을 볼 때도 있었습니다. 그 '길'은 아직 끝나지 않았고, 저는 여전히 그 '길'을 가고 있습니다.

　저는 이런 말을 삶의 지표로 삼고 있습니다. "배가 항구에 정박해있으면 안전하다. 그러나 배는 항구에 정박해있기 위해서 건조된 것은 아니다." 길이 없어 보이는 것 같은 거칠고 험한 망망대해를 항해한 끝에 희망의 목적지에 다다르는 것, 바로 그것이 삶이 아닐까요?
　안전하고 평탄한 곳에 머물러 있을 수도 있겠지만 끊임없는 도전과 선택을 통해 그 속에서 자신을 알아가고 키워가며 궁극적으로 자신을 사회로 환원해주는 것, 바로 그것이 진정한 삶이라고 생각합니다.

부끄럽지만 그간 제가 살아오면서 선택한 '길'에 대한 졸고를 내놓습니다. 갯가에서 자란 청소년 시절부터 옷가지 몇 벌 갖고 홀홀 단신 떠난 미국유학시절에 교수로서의 사회참여와 학문적 기여, 그리고 국가와 지역의 미래에 대한 단상 등을 담고 있습니다.

인생을 회고하기에는 이른 나이인 것을 잘 압니다. 그러나 제 삶의 중간점검이라 여기고 지금까지 살아온 길을 정리해 보았습니다. 남은 삶 속에서도 끊임없이 새로운 길을 찾아 나설 것입니다. 그 길이 많은 사람들과 공감할 수 있는 길이 되기를 소망할 뿐입니다.

책이 출간되기까지 음으로 양으로 격려해주시고 도움주신 모든 분께 고개 숙여 감사드립니다. 미래비전과 국가정책과 관련하여 원고 집필에 도움을 주신 자연환경국민신탁 전재경 이사장님께 감사의 마음을 전합니다. 또한 졸고의 출판을 기꺼이 맡아주신 성안당의 이종춘회장님께도 깊은 감사의 말씀을 드립니다.

● **책을 내면서**

특히 부족함이 많은 원고를 넘겨받아 글을 다듬어 준 벗이자 파워블로거인 임현철님께도 지면을 빌어 진심으로 감사의 마음을 전합니다. 마지막으로 저의 과거이고 현재이며 미래일 수 밖에 없는 부모님과 아내, 그리고 딸 서아에게 사랑의 마음을 전합니다. 감사합니다.

2011년이 저물어가는 제주대학교 교정에서
저자 김경호

● 이 책의 목차

갯가의 추억   11

갯가에서 뒹굴다   12

어머니의 동상   16

나의 과거이자 현재, 미래인 아버지   19

돼지 잘 팔았다고 막걸리 사 오다 그만…   21

음악다방 디제이   23

사격단 파견… 장군보다 무서운 병장으로 전역   26

고속버스 옆 좌석에서 만난 아내   30

유학생활   35

Be동사도 모른 체 미국 유학길에   36

미국 생활과 영어공부   40

학문의 고향 카본데일   44

Contents

미국에서 만난 큰 스승 로버트 스펠만   48

학문보다 값진 체험   51

옥션에 빠지다   53

팰로우십(fellowship)과 논문   56

비검 할머니와의 소중한 인연   58

22년을 나와 함께한 지갑   63

교육 전문가로   67

대학수학능력시험 출제   68

로스쿨 입학시험 출제   73

의학전문대학원/치대 입학시험   76

TV 시사토론 진행과 영자신문 창간   79

시청자 여러분 안녕하십니까. 진행에 김경호입니다.   80

영자 신문 제주위클리 창간   85

Contents

풀브라이트 교수 선정과 세계인명사전 등재　95

풀브라이트 학자로 플로리다주립대 방문교수 생활　96

세계인명사전 등재　105

내 분신을 먼저 보내고　109

두라를 가슴에 묻다　110

회복 그리고 가슴으로 낳은 내 딸 서아　116

미래에 대한 단상　119

백년지대계 교육! 패러다임부터 바꿔야　120

교육정책 디자인　120

지방 교육 어떻게 할 것인가?　125

특목고 설립이 답인가?　127

그렇다면 해답은 분명하다.　129

Contents

내가 꿈꾸는 나라 · 130

5無공화국 · 130
부패로부터의 자유, 저비용의 선거 · 134
광역정당 구상 · 137
당내 민주주의 · 140
개발 중심의 선거공약 · 142
동반성장의 허실 · 143
자유무역협정 · 145
정부부채 · 151
보편적 복지와 선별적 복지 · 154
아이들의 행복을 위한 교육 · 157
합리적 규제개혁 · 160
아름다운 공동체 · 162

글로벌 여수 재창조 · 167

글로벌 여수, 설레임의 예약 · 167
여수 '갯가길' · 169
박람회 이후 여수 관광의 미래 · 173

갯가의 추억

갯가에서 뒹굴다

지금은 매립되어 갯가의 흔적을 찾아 볼 수 없지만 여수시청 제3청사가 들어서 있는 곳이 내가 태어나고 자란 곳이다. 거지가 들어와 부자가 되어 나간다는 뜻을 담고 있는 이름의 '세구지', 돌산 제1대교와 곧 개통될 제2대교가 만나는 곳이기도 하다. 세구지 1반, 2반, 3반을 합쳐서 130여 가구가 헤엄치면 건널 수 있는 갯구석을 둘러싸고 갯것을 캐며 살던 해안가의 촌마을이다.

▶ 현재 남아 있는 가장 오래된 어릴적 사진. 세 살 때 유채꽃이 피어 있는 집 뒤뜰에서

갯가에서 뒹굴다

꼭두새벽이면 전날 장만한 저잣거리를 머리에 이고 등에 지고 10여 리를 걸어 돌산 나룻배를 타고 중앙동 시장에 내다팔던 가난한 마을이었다. 밀물이 되어 만조가 되면 어른 키 한발 반 정도의 깊이가 되고 썰물이 되면 많은 생명을 보듬고 있는 옥빛 개펄이 속살을 들어내던 곳이다.

마을 앞 갯가는 나와 친구들의 놀이터이자 삶의 터전이었다. 쳐놓은 그물(발)을 피해 물이 흘러가는 갯고랑으로 몰려든 고기를 먼저 잡기 위해 너나 할 것 없이 개펄을 허우적거리며 달려가곤 했다. 낚시 미끼로 쓰기 위해 쇠스랑으로 뻘밭을 파 갯지렁이를 잡았다. 그리고 배를 깔고 뻘밭을 헤매어 조개와 고막을 잡던 기억도 아직 생생하다. 여름이면 갯가는 나와 친구들의 천연 수영장이 되었다.

◀ 갯가에서 용치놀래기 한 마리를 낚고서

갯가의 추억

집에는 리어카에 실어서 옮길 수 있을 정도의 자그마한 배가 있었다. 기껏해야 두세 명 정도 타면 딱 맞는 노를 저어 다니는 배였다. 한두 명 더 타면 배의 높이와 물의 높이가 거의 한 뼘 정도밖에 남지 않을 정도였고, 바람이 조금만 불어도 물이 배안으로 짤박짤박 넘어오곤 했다. 하루는 낚시를 갔다가 배 뒤에서 생리현상을 해결하던 중에 아버님이 노를 젓는 바람에 그만 바다로 떨어지기도 했다.

초등학교 입학 전부터 나는 바다와 함께 했다. 정확하게 표현하면 바다에 길들여졌다. 시간만 나면 갯가에 나가 낚시를 했다. 주말 저녁이면 어김없이 갯장어(아나고) 낚시로 배 위에서 밤을 샜다. 어두운 밤바다에서 장어가 물려 올라오면서 그 움직임에 플랑크톤이 빛을 발하는 모습은 장관이었다.

중학교 때에는 '노인과 바다'처럼 나는 '소년과 바다'의 주인공이 되어 있었다. 경운기 엔진을 얹은 통통배를 타고 온 바다를 누볐다. 동네 어르신들과 함께 각자 배를 몰고 화태도, 금오도, 연도, 백야도, 사도, 상화도 등 여수의 섬들을 샅샅이 뒤지고 다니며 낚시를 했다. 이건 취미삼아 하는 낚시가 아니었다. 잡은 고기를 활어로 횟집에 팔 정도였으니까 전문 낚시꾼, 내지는 학생 어부였던 것이다.

종일 낚시를 하고 해 질 무렵 집으로 돌아오는 길에 통통거리며 연기를 내 뿜는 경운기 엔진 위에 앉아 키를 잡고 있노라면 어린 나이에도 세상은 온통 내것처럼 여겨졌다. 멀리 보이는 섬과 섬들의 실루엣은 어떤 유명한 화가의 그림에서도 볼 수 없는 한 폭의 산수화였고, 뉘엿뉘엿 화양면 뒤로 넘어가는 붉은 노을은 어느 것과도 견줄 수 없는 황홀한 명작이었다.

통통배 엔진의 시끄러운 소리로 인해 나는 헤드폰을 이용해 음악을 듣곤 했다. 짭짤한 바닷 바람이 배어든 카세트테이프에서 흘러나오는 '바다의 협주곡'은 지친 하루를 잊게 하는 피로회복제였다. 트럼펫과 플롯의 선율은 콩나물 깍두기조차 구분하지 못할 정도로 음악에 문외한인 나를 사로잡았다.

어느 화가가 지는 노을 속으로 조그만 통통배를 몰고 들어가는 그림을 그렸더라면 나도 아름다운 그 그림의 일부가 되었을 것이다.

갯가에서의 유년시절은 나의 정서를 형성한 가장 중요한 시기였고, 무엇과도 바꿀 수 없는 소중하고 아름다운 추억으로 인생의 일기장에 기록되어 있다.

흙내음, 물내음을 맡지못하고 콘크리트에 갇혀서 어린 시절을 보내는 요즘 아이들이 자라서 떠올리게 될 어린 시절을 생각하면 안타까움이 앞선다. 우리 아이들 세대가 나고 자라는 삶의 터전이 정서에 어떤 영향을 미칠지 깊이 따져봐야 하지 않을까.

갯가의 추억

어머니의 동상

추운 겨울, 굴을 보면 어머니 손발의 동상이 생각난다. 현재 여수시 3청사가 자리하고 있던 곳은 온통 갯벌이었다. 물이 빠지면 산에서 나무를 베어다 제법 먼 곳까지 나가 꽂아 놓는다. 그러면 그 나무에 굴이 매달리고 겨울에 다 자란 굴을 채취할 수 있게 된다. 바닷물이 얼어 성애가 깔려있는 갯벌 작업은 경험해보지 못한 사람들은 상상하기 어려울 정도의 힘든 노동이다.

큰 대야 두 개를 밀면서 허벅지까지 빠지는 갯벌에 들어가 꽂아 놓은 나무에 붙은 굴을 따서 나온다. 갯벌은 머드축제처럼 그렇게 곱고 낭만적인 것만은 아니다. 버려진 굴 껍데기, 유리조각, 가시 등 등. 신을 신고 두꺼운 양말을 두 겹 세 겹 덧신어도 자칫 발을 베어 피가 나기 일쑤다.

살을 에이는 추위는 더 견디기 힘들다. 뻘 밖으로 나와도 도와주는 사람이 없어, 바위에 기대어 두 대야에 가득한 굴을 머리에

어머니의 동상

◀ 젊은 시절 어머니와 아버지의 모습이 담긴 결혼 기념사진

이고, 집까지 먼 길을 걸어와야 한다. 자식들이 잠들면 머리맡에서 밤새 굴을 깐다. 그렇게 해서 만들어 낸 몇 사발 안 되는 굴을 중앙동 새벽시장에 내다팔았다.

지금은 재래시장이 제법 그럴싸하게 모양새를 띠고 있지만, 그때 시장은 머리 위를 가리는 것 하나 없는 공터였다. 사정이 그렇다보니 어머니의 손발은 물에서 떠날 날이 없었고, 겨울이면 동상에 걸려 심한 고통을 겪어야 했다. 여수 시내로 이사 나온 뒤에도 어머니는 한동안 겨울이면 그때 걸린 동상으로 괴로워했다.

칠순을 눈앞에 둔 어머니는 요즘 막내아들 병간호로 힘겨워하고 있다. 막내 동생이 위암에 걸려 위를 모두 절개하는 수술을 받

갯가의 추억

앗다. 지금은 항암치료중이라 특별한 음식관리와 요법이 필요한 상황이다. 물론 제수씨가 있지만 직장을 그만둘 수가 없는 형편이다 보니 어머니가 돌보는 시간이 많아졌다. 어머니의 지극정성과 기도가 막내아들을 회복시키는데 큰 역할을 할 것이라 믿는다.

어머니는 나에게 가슴시림으로 다가온다. 옛날 우리 어머니들의 모습은 한결같이 이런 모습이었겠지만 나에게도 역시 어머니라는 존재는 항상 눈물이고 존경이다.

◀ 칠순을 넘기신 나이에 자식 뒷바라지로 고생하시면서도 밝게 살아가시는 부모님. 젊은 시절 여행 중 찍은 사진

나의 과거이자 현재, 미래인 아버지

누구에게나 그렇듯 아버지의 모습은 나의 과거이자 미래의 거울이시다. 아버지는 남면 연도에서 태어나 어머니와 결혼한 뒤 여수로 나오셨다.

아버지는 가족을 위해 행상에서부터 고깃배 선원까지 온갖 일들을 마다하지 않으셨다. 이후 아버지는 30여 년간 돌산과 여수 중앙동을 오가던 돌산 나룻배 선장을 하셨다.

지금은 여수와 돌산을 잇는 두 번째 돌산대교까지 개통을 눈앞에 두고 있어서 돌산이 섬이 아닌 섬이 되었지만, 전에는 나룻배가 유일한 연육 교통수단이었다. 돌산에서 여수 시내로 나오거나 여수에서 돌산으로 건너갈 때는 반드시 나룻배를 타야만 했다. 뿐만 아니라 버스와 트럭을 포함한 모든 자동차들도 역시 나룻배를 타고 건너야만 했다.

아버지는 비가 오나 눈이 오나 태풍에도 아랑곳 하지 않고 무수히 많은 여수 사람들의 다리가 기꺼이 되어 주었다. 또한 남면,

갯가의 추억

◀ 선장이셨던 아버님의 직업에 종지부를 찍은 여수 명물 돌산대교

삼일면, 화정면 등의 많은 섬에도 공사가 있을 때면 불도저, 포클레인, 덤프트럭 등과 같은 중장비를 실어 나르기도 했다.

나룻배 선장을 그만두신 뒤로는 교동에서 갈비집을 하셨고, 70을 넘긴 지금은 여서동 아파트에서 황혼기를 보내고 계신다. 아버지는 아직도 낚싯배를 타고 거의 매일 바다에 나가 고기를 낚으시고, 잡은 고기를 횟집이나 상회에 팔아 삶을 꾸려나가신다.

배낚시에 관한 한 아마 아버지를 따라올 사람이 없을 정도다. 지금까지 잡은 고기를 쌓아놓으면 아마도 63빌딩 여러 채를 다 채우고도 남지 않을까 싶다.

무뚝뚝하지만 마음은 한없이 자상하시고 늘 그 자리에 계시는 아버지의 존재는 나의 과거였고 현재이며, 미래일 수밖에 없다.

돼지 잘 팔았다고 막걸리 사 오다 그만…

집집마다 돼지 한두 마리 키우는 건 자연스러운 풍경이었다. 우리 집에서도 돼지를 키웠다. 사람이 먹다 남은 음식을 돼지 먹이로 사용했다.

초등학교 5학년 때 일이다. 집에서 기르던 돼지를 5만원을 받고 팔았다. 대단히 잘 판 셈이었다.

당시 5만원은 적지 않은 목돈이었다. 동네 사람들은 부모님에게 한 턱 내라고 했다. 그 덕분에 막걸리 심부름을 가야 했다. 사실 가고 싶지 않았다. 친구들과 놀아야 하는데 심부름을 가라 하니 입이 적잖이 튀어나왔다.

막걸리를 담아 올 큰 소주병을 들고 외삼촌과 함께 부녀회에서 운영하던 동네가게로 갔다. 가게라고 해야 양조장에서 받은 막걸리 두어 말, 과자 부스러기 몇 개 파는 정도였다. 운영은 부녀회원이 돌아가면서 맡는 형식이었다. 신발도 제대로 신지 않고, 어서

갯가의 추억

심부름만 끝내고 놀러가야지 하는 마음에 내심 조급증까지 들었다. 그래서였을까? 돌아오는 길에 막걸리가 담긴 유리로 된 소주 대병을 안고 그대로 넘어졌다. 대형 사고였다. 눈앞이 캄캄했다. 손목을 보니 피가 갑자기 솟구쳤다. 이내 피범벅이 되었다. 돌산 세구지에는 마땅한 병원도 없었다. 응급 상황에서 동네 어른들이 나를 자전거 뒤에 태우고 나루터로 달렸다. 나룻배를 타고 시내 쪽에 도착해서야 택시를 탈 수 있었다.

병원에서 두 시간이 넘게 수술이 진행되었다. 세 개의 손가락 힘줄이 절단되고 정맥이 손상된 중상이었다. 다행이 동맥은 비켰다. 마취 전, 수술대에 누어서 연신 허공을 향해 '아파 죽겠다'고 소리를 질러댔다. 일주일 정도 학교도 빠졌다. 돼지 판 값이 목숨 값이 될 뻔한 아찔한 순간이었다. 아직도 그때 아파 발버둥 치던 기억과 몽롱한 마취제의 기운이 뇌리에 깊게 자리하고 있다.

지금도 오른쪽 손목에는 그로 인한 큰 흉터가 남아있다. 엉덩이 살을 떼다 붙여서 약간 흉물스러워 보이기까지 한다. 이 상처를 볼 때마다 그 때의 악몽이 떠올라 '인생을 두 번 사는구나'하는 생각을 갖곤 한다.

음악다방 디제이

 빵집이나 다방에서 음악을 틀어주는 디제이(DJ) 문화, 일명 판돌이가 1980년대 성행했다. 자신이 원하는 음악과 노래를 메모장에 적어서 신청하면 디제이가 곡 소개와 함께 신청한 노래를 틀어주던 한 시대를 주름잡던 젊은이들의 문화였다.

 지금처럼 인터넷과 소셜 미디어가 발달하지 않았고, 스포츠 레저 활동이 생활의 중심으로 자리 잡기 이전이었기 때문에 음악다방은 젊은이들이 여가와 낭만을 즐기던 아지트였다. 또한 민주화 이전, 정치 사회적 억압으로부터의 분노를 삭이는 하나의 출구로서의 기능도 했다.

 통기타 가수들의 노래와 민중가요, 대학가요제를 통해 소개되는 노래들이 디제이를 통해서 자주 소개되던 노래들이다. 또한 비틀스의 노래를 포함한 추억의 팝송들도 단골 메뉴였고, 한 시대를 풍미했던 영화의 배경 음악들도 다방을 찾았던 젊은이들의 단골 신청곡이었다.

나는 우연한 기회에 판돌이가 되어 철없던 날들을 보낸 적이 있다. 앰프가 고장 나 음악이 나오지 않는다는 친구의 요청을 받고 DJ박스가 있는 빵집에 갔었다. 내가 공고 전기과를 다니고 있었고 학교 방송반에 있었기 때문에 그 친구는 내가 고쳐줄 수 있을 거라 믿었던 모양이다. 다행스럽게도 어려운 문제는 아니었다. 고장 원인은 서생원이 스피커 선을 갉아놔 앰프의 신호가 스피커로 전달되지 않았던 것이었다. 간단한 수고였다. 아마 빵집에 먹을 것이 많다 보니 서생원도 제법 있었던 모양이다.

이후 친구로부터 뜻밖의 제안을 받았다. 디제이를 해보지 않겠느냐고… 그렇게 시작된 나의 빵집/음악다방 디제이생활. 당시 박스 안의 디제이는 여학생들의 로망이었다. 신청곡 메모지를 받고 음악을 틀어주면서 누군가의 시선이 내게 머무르고 있다는 생각에 고독해 보이는 포즈를 취해보기도 하고, 빼곡하게 꽂혀 있는 판을 숙련된 모습으로 만져보기도 하면서 잔뜩 있는 폼 없는 폼을 쟀던 시절이었다.

내가 아는 한 선배는 디제이 박스에서 담배피우는 모습이 너무 멋져 보인다는 여학생들의 메모를 받고 담배 두 갑을 연거푸 피워댔다고 한다.

돈을 받고 한 것도 아니었고 음악을 잘 알고 있지도 않았으며, 전문 디제이로서 훈련을 받고 시작하게 된 건 더더욱 아니었다. 고교시절 우연히 친구의 권유로 시작했다가 음악을 틀어주고 소

음악다방 디제이

▲ 음악다방 DJ 박스 안에서

개하며 디제이 박스 안에 앉아 있던 시간들이 마냥 재미있었던 것이다. 예술적 감각이 없던 나에게 디제이 활동은 음악을 좋아하는 계기가 되었고, 인생에서 새로운 길을 찾는 계기가 되었다. 당시 공고 졸업 후 취직이 일반적인 진로였으나 처음으로 대학을 가야겠다는 생각이 들었다.

　사람들을 상대로 다양한 음악을 소개하고 틀어주면서 자연스럽게 적성에 맞았던 DJ 경험은 대학에서 전공을 신문방송학으로 선택하는 결정적인 계기가 되었다.

사격단 파견… 장군보다 무서운 병장으로 전역

대학 2학년을 마치고 운전병 주특기로 군 입대를 자원했다. 1987년 4월 30일 논산훈련소로 입대했다. 두 달여간의 훈련 과정을 마치고 의정부 306보충대를 거쳐 바람개비가 부대마크인 28사단으로 배치받았다. 운전병과로 지원해서 입대했지만 3년을 복무할 부대로 연대 병력을 지원하는 지원 중대에서 4.2인치 포병으로 근무하게 되었다.

최전방인 경기도 연천군 전곡리에서 병영 생활을 시작했다. 나는 부대 생활에 비교적 잘 적응하는 편이었다. 일상적인 병영 생활을 하다가도 5분 이내에 포탄을 목표물에 명중시킬 수 있도록 요구하는 높은 강도의 훈련으로 몸은 피곤하고 힘들었지만, 군기가 바짝 들었던 터라 힘든 훈련을 잘 버텨낼 수 있었다.

하루는 고된 훈련을 마치고 곤하게 잠들어 있을 때 불침번을

사격단 파견… 장군보다 무서운 병장으로 전역

서던 선임병사가 나를 깨웠다. 나는 "네! 이병 김경호!"를 복창하면서 벌떡 일어났다. "조용히 해 임마, 이리 따라와" 그 선임병은 나를 데리고 말년 병장들이 야식을 먹고 있는 한 구석으로 데리고 가서 식판에 라면을 한 국자 퍼줬다. 페치카에서 끓인 라면이었다.

지금은 대부분의 막사들이 히터로 난방을 하지만, 당시 전방에서는 무연탄을 황토 흙과 섞어 반죽을 해서 일종의 연탄처럼 이용하여 불을 때던 페치카가 많았다. 그 속에 통조림 깡통으로 만든 냄비에 라면을 넣고 끓였다. 지금도 그 맛은 잊을 수가 없다. 당시에는 세상의 어떤 음식도 비교할 수 없을 정도로 맛있었다. 군 생활 3년 동안 먹었던 음식 중 가장 맛있었다.

◀ 내무반에서 선임병과 함께 라면을 끓이며

◀ 동료 전우들과 내무반에서

　이병 생활을 마치고 일병으로 진급하면서 나는 사격단으로 파견되었다. 사격단은 사단장 직할 부대로 소총과 권총의 사격 실력이 뛰어난 병사들을 각각 6명과 4명을 뽑아 특수 훈련을 받게 했다. 중학교 때 우연히 친구와 함께 공기소총을 잡게 되었고, 이후 도민체전에 출전했던 경력이 있어서 사격단 일원으로 차출되었다.
　거의 매일 아침부터 저녁까지 사격 자세 훈련과 실탄 사격 훈련이 반복되었다. 육군부대대항, 참모총장배 등 주요 사격대회에 참가했고 사단 대표로 태릉 사격장 사선에도 선적이 있다. 성적이 좋지 않을 때는 유격훈련장에서 특수 훈련을 받기도 했다.

사격단 파견… 장군보다 무서운 병장으로 전역

선임들은 군기를 잡는다는 이유로 얼차려를 시키는 일이 종종 있었다. 나는 얼차려에 관한 기억이 좋지 않아서 고참이 되면 선임들과는 다르게 후임들을 대해야겠다고 생각했다. 실제로 얼차려와 같은 관례는 피하려고 했다. 또한 최전방의 삭막한 병영생활을 개선하기 위해 비닐하우스를 만들고 상추, 깻잎, 오이 등 다양한 채소를 심어 분위기를 전환하기도 했다.

그래서일까? 흔히들 군 복무한 곳을 향해서는 볼일도 안본다던데 나는 전역을 하면서 왠지 마음에 뭉클함으로 눈시울이 붉어지기도 했었다.

전역이 가까워지면서 미래에 대해 좀 더 진지하게 고민하게 되었다. 무엇을 해야 먹고 살 수 있을까? 무엇을 하는 것이 내 꿈을 이루고 사는 것일까? 내가 꿈꾸는 일들을 유학이란 출구를 통해 찾으면 어떨까 싶었다. 이게 처음 미국 유학을 생각하게 된 계기였다.

◀ 전방부대 생활의 긴장감과 삭막함을 완화시키기 위해 내무반을 꾸몄다.

갯가의 추억

고속버스 옆 좌석에서 만난 아내

나는 날짜를 잘 기억하지 못하는 편이다. 그러나 1991년 6월 30일은 정확하게 기억하고 있다. 인생의 반려자를 처음 만난 날이기 때문이다. 서울 강남고속버스터미널에서 여수로 가는 광주고속 직행버스를 탔다. 4학년 여름방학을 맞아 여수 집에 가는 길이었다. 창밖에 펼쳐지는 풍경 보기를 좋아해서 나는 버스 앞쪽 좌석을 선호한다. 그날도 운전석 바로 뒤에 자리 잡고 앉았다. 옆에 누군가 앉아 있었지만 그다지 신경 쓰지 않았다.

2시간쯤 지나 버스는 휴게소에 잠시 머물렀다. 그녀는 두 시간 동안 눈길 한 번 다른데 돌리지 않고, 줄곧 책을 읽고 있었다. 나는 포도봉봉 두 캔을 샀다. 혼자 먹기 미안해서 하나 더 샀던 것이다. 한 캔은 옆에 앉아 있던 그녀에게 건넸다. 그렇게 나는 아내 송정희를 만났다. 당시 연세대학교 불문학과 학생이었던 아내는 방학을 맞아 여수 전화국(KT)에 근무하던 큰오빠 집에 가는 길이었다. 대학생이면 조금 다듬을 듯도 한데 아무런 치장을 하지 않은 요즘말로 '쌩얼'이었다. 그 때 본 아내의 첫인상은 조금 촌스러웠다. 그래서 지금도 '고흥 촌년'이라고 놀린다.

그날 이후 그녀와 나는 몇 차례 더 만났다. 유학을 준비하고 있던 나는 그녀와의 만남에 의미를 부여하려고 노력했지만, 그녀의 반응은 그다지 긍정적이지 않았다. 한참 팔팔한 대학 초년생이 졸업을 앞둔 미래가 불확실한 유학 준비생에 별 관심을 두지 않았던 것은 어쩌면 당연한 일이었다. 나는 미국 유학을 떠나서도 그녀에게 편지를 썼고 밸런타인데이, 크리스마스 등 특별한 날에는 초콜릿과 같은 조그만 선물도 보냈다. 그러나 그녀의 반응은 여전히 뜨뜻미지근했다. 그녀로부터 거의 연락이 없었다.

▲ 아내와 결혼 후에 함께 미국에 건너가 공부하던 유학시절

▲ 미국 일리노이주 신들의 동산에서

갯가의 추억

　미국 유학 후 2년이 지난 방학 때 일시 귀국했다. 친 형제보다도 가깝게 지냈던 형을 만나러 연세대학교에 갔다. 그는 고흥 출신으로 지금은 충남대학교 언론정보학과 교수이다. 도서관 앞을 지나고 있을 때 어디에서 많이 본 듯한 뒷모습이 눈에 띄었다. 다가가서 보니 지금의 아내였다. 인연도 이런 인연이 또 있을까? 그녀는 졸업을 앞두고 도서관에서 공부하다 바람 쐬러 잠시 밖에 나왔던 것이다.

　하늘이 내려준 인연은 이렇게 찾아왔다. 그렇게 그녀를 다시 만났고 우리의 관계는 급진전했다. 석사과정을 마치고 나서 우여곡절(?) 끝에 고흥군 동강면 대강리 출신 여산 송씨 가문의 아내와 결혼하게 되었다.

아내의 편지

우린 더욱 사랑해야 할 사람들입니다.

부부의 인연으로 앞으로 몇 년을 더 살게 될지

한치 앞도 내다볼 수 없는 이 세상에서

얼마나 더 사랑하며 살 수 있을지 누구도 알 수 없습니다.

그러나 우린 알고 있습니다.

죽는 날, 그 곁에 서로 있어 주어야 하고

마지막 순간에 서로 고백해주어야 합니다.

"당신을 사랑합니다. 고맙습니다"

사랑의 행위와 언어는

쌓아도 쌓아도 욕심이 아니고

줘도 줘도 넘치지 않으며

써도 써도 비워지지 않고

보고 또 보아도 닳지 않으며

어떠한 것도 값으로 매길 수 없습니다.

우린 더 사랑해야 합니다.

유학생활

유학생활

Be동사도 모른 체 미국 유학길에

'무식하면 용감하다'고 했던가.

정말로 영어의 Be동사도 모르고 미국 유학길에 올랐다. 기껏 해야 영어 단어 몇 개 주어외운 것과 생존을 위한 커뮤니케이션 에 필요한 아주 초보적인 회화만을 가까스로 할 수 있는 정도의 영어 수준이었다.

'최선을 다하면 뜻한 바를 이룰 수 있지 않을까'하는 그야말로 막연한 생각으로 여행용 트렁크 가방 하나에 의지하여 미국으로 떠났다.

영어의 기본 바탕은 중·고등학교 시절에 다져진다. 요즘 같으면 유치원부터, 최소한 초등학교 고학년이 되면 누구나 할 것 없이 영어를 시작한다. 그러나 유년시절 나는 공부보다는 바다를 더 좋아했고 틈만 나면 바다에 가서 살았다. 바다가 학교 같았고 놀이터였으며 나에게는 유일한 안식처이기도 했다.

여수중학교 졸업 후 여수공고에 입학하여 고등학생이 된 이후에는 졸업과 동시에 곧바로 취업 전선으로 나서기 때문에 영어책 대신 전기인두, 드라이버, 펜치 등이 담긴 공구통을 들고 시간을 보냈다. 그랬으니 Be동사가 정확하게 뭔지를 몰랐던 것은 당연한 일.

그렇다고 대학시절에 영어공부를 제대로 한 것도 아니다. 민주화운동이 한창일 때라 강의실에 앉아서 수업에 집중한다는 것은 생각하기 어려웠다. 1980년대 대학생들은 운동권이든 아니든 누구나 할 것 없이 조국의 민주화에 대해 치열하게 고민했고, 최루탄에 맞서 화염병과 돌멩이로 무장하던 시절이었다. F학점 하나 둘 받는 것에 그리 연연하지 않던 시절이었다. 오히려 F가 권총 모양의 문자이기 때문에 권총 찼다며 대수롭지 않게 웃어 넘기기도 했다.

중·고등학교 시절 부족했던 영어 기초를 다질 수 있는 기회를 대학생이 되어서도 만회할 기회도, 계기도 없었던 것이다.

유학을 가야겠다고 결심한 것은 상병 말년쯤 되어서였다. 전역 후, 복학과 졸업 이후에 대해 고민하던 나는 꿈을 이루기 위해서는 반드시 유학을 가야한다는 결론에 도달했다. 그러나 수학 능력도 안 되는데다, 경제적 능력마저도 없는 상황에서 유학을 떠난다는 것은 그야말로 무모한 짓이었다. 지금처럼 단기 유학이나 언어 연수를 가는 학생들이 많아 조언이라도 들었다면 내 처지에 갈 수 없다는 결론을 내리고 포기했을지도 모른다.

유학생활

▲ 언어 연수 때 만난 쿠웨이트, 태국 친구와 함께

군 복무를 마치고 복학한 나는 영어 공부에 많은 시간을 보냈다. 단어 암기를 중심으로 유학준비를 했다. 3만 5천 단어 책을 달달 외우고 다녔다. 그러나 워낙 기초가 없었던 터라 별 진전을 보지 못했다. 조금 전에 외웠던 단어를 잠시 뒤에 다시 보면 생경스러운 단어로 다가왔다. 그럼에도 그 길만이 방법이라고 생각해 새벽부터 밤늦게까지 도서관에서 그 일을 반복하고 또 반복했다. 가끔은 새벽 일찍 도서관에 자리만 잡고 집에 다시 와서 잠을 청하기도 했다. 가방이 대신 공부를 하기도 했다.

1991년 말 어렵사리 미국 유학길에 올랐다. 건국대학교 언론홍보대학원장을 지내시고 지금은 중앙선거방송토론위원회 위원장

Be동사도 모른 체 미국 유학길에

을 맡고 계시는 유일상 은사님으로부터 애리조나주립대학교 염규호 교수님을 소개 받았다. 대학 선배이기도 했지만, 언론법학자로서 미래가 촉망되는 젊은 교수였다. 그래서 애리조나 주 피닉스에 있는 애리조나주립대학교 영어연수과정에 입학하게 되었다. 부모님은 1년 정도의 유학생활이 될 거라고 생각했다.

◀ 유학시절 남일리노이대 교정에서

유학생활

미국 생활과 영어공부

그곳에서 나는 밤낮으로 공부했다. 체력의 한계를 느낄 정도로 온힘을 다해 공부를 해도 갈 길이 멀기만 했다. 오전에 학교 갔다 기숙사에 돌아오면 세 시간 정도 잠을 잤다. 저녁을 먹고 기숙사 내에 있는 도서관에 들어가 밤을 꼬박 샜다.

읽고, 듣고, 쓰고, 말하고……. 영어공부에는 이러한 반복적인 훈련과 학습 외에는 달리 왕도가 없었다. 책을 달달 외우다시피 했다. 처음엔 책 한권을 독파하는데 두 달이 걸렸지만, 이후엔 두 주가, 나중에는 한 주 만에도 한 권의 책을 마스터할 수 있을 정도가 되었다.

그즈음 나의 마음은 하루에도 수십 번 변덕을 부렸다. 영어가 조금 들릴 때는 "예스! 예스! 역시 잘 왔어!"라며 쾌재를 부르다가도, 무슨 얘기인지 영 알아들을 수 없을 때는 "내가 왜 이 머나먼 미국 땅에 와서 사서 이 고생을 하고 있을까?" "포기하고 집에 돌아갈까?" 수없이 갈팡질팡했다.

미국 생활과 영어 공부

어쨌든 계속해서 밤낮으로 책을 파고들었다. 서너 달 이런 생활을 반복하니 코피를 쏟는 일이 빈번해졌고 어지러움을 느끼는 횟수도 늘어났다. 그러나 체력의 한계를 탓할 수 없었다. 무엇보다도 내 꿈을 머나먼 타국 땅에서 포기할 수 없었다.

한 학기가 지나자 생활비가 바닥이 났다. 많은 고민 끝에 아르바이트가 비교적 수월한 로스앤젤레스(LA)로 떠나기로 작정했다. 승용차 한 대를 렌트해서 짐을 싣고 사막을 가로질러 6시간 만에 LA에 도착했다. 당시 1992년 LA분위기는 살벌했다. 백인 경찰이 흑인 로드니 킹을 폭행하면서 시작된 LA폭동이 불과 한 달 정도 지난 시점이었다.

많은 상가와 건물들이 불에 타 무너져 내린 채 그대로 남아 있었다. 경찰 순찰차와 구급차의 사이렌 소리가 하루에도 수차례 들리곤 했다. 또 한인타운과 멕시칸 지역 하숙집 상공에는 한밤중에도 경찰 헬기의 순찰 소음이 가히 위협적이었다.

그곳에서 나는 생존을 위한 싸움을 해야 했다. 한인타운에서 운전과 청소를 했다. 나중에는 이민 온 노인분들에게 영어 기초를 가르치는 아르바이트까지 했다. 장님이 장님을 인도한 꼴이었다. 하지만 이러한 일들을 통해 조금이나마 생활비를 마련할 수 있었고, 영어공부에도 도움이 되었다.

그렇다고 일을 핑계로 공부를 게을리 할 수 없었다. 컴퓨터나 영어 기자재가 보편화되지 않았던 시절이라 영어 공부도 녹음기

유학생활

에 의존해야만 했다. 테이프를 반복해서 듣고 따라하기 연습을 수없이 반복했다. 테이프를 앞뒤로 돌려가며 반복에 반복을 거듭하다보니 버튼을 누르면 테이프의 원하는 위치로 바로 갈 정도로 능숙해졌고, 급기야는 녹음기 전진/후진 기능 버튼이 고장이 날 정도가 되었다. 문장을 통째로 외워버리는 방식도 영어에 많은 도움이 되었다. 영화를 소리만 녹음해 수없이 듣고 따라한 것도 재미있었다. 그 때 반복했던 문장들이 지금도 입에 붙어있다.

그리고 잠자리에 들 때는 항상 TV를 머리맡에 켜두었다. CNN 채널을 켜놓고 잠들었는데 TV를 켜두는 것은 숙면을 방해하여 피곤하게 만드는 일이지만, 효과적인 영어 학습 훈련이 되었다. 하루는 비몽사몽인 상태에서 CNN뉴스가 한국 뉴스를 듣는 것처럼 또렷하게 들리는 경험을 하기도 했다.

LA에 있는 칼리지에서 하워드 선생님과의 만남은 내게 행운이었다. 그는 1970년대 남 캘리포니아 대학 (University of Southern California)에서 언론학 박사를 받은 독일계 미국인 교수였다. 영화를 공부하는 딸의 등록금을 대주고, 연로하신 아버지를 부양하는 등 한국인과 유사한 정서와 삶을 사는 미국인이었다. 그는 당시 토플(TOEFL) 출제위원으로도 활동을 하고 있었다.

영어에 서투른 한국 학생이 대학원에 진학하여 언론학 공부를 하겠다고 와 있으니 불쌍해 보였는지 열정과 인내를 갖고 특별히

지도해주셨다. 하워드 선생님의 수업은 영어의 기초부터 다시 배우는 계기가 되었다. 단어 및 숙어의 어원을 이해하기 시작했고, 하루도 거르지 않고 에세이를 쓰고 교정을 받는 날이 지속되었다. 하워드 선생님은 에세이에 대한 틀과 문법적 오류, 그리고 문장의 구성 등에 대해서도 상세히 가르쳐주셨다. 그의 가르침에 힘입어 영어 공부는 탄력을 받기 시작했고, 대학원에서 학업을 할 수 있을 정도의 조건을 갖추게 되었다. 하워드 선생님은 지금도 가장 훌륭한 영어 선생님이자 멘토로 기억된다.

유학생활

학문의 교향 카본데일

    카본데일(Carbondale)은 인구 5만인 일리노이주 남쪽에 자리한 자그마한 시골도시이다. 큰 도시로는 두 시간 거리에 미주리주 세인트루이스가 자리하고 있다.

    일리노이주 주립대학교 중 하나인 남일리노이대학교(Southern Illinois University)는 인문사회 분야가 강한 대학이었다. 70년대 베트남 반전운동의 중심이었고 유명한 사회학자, 정치학자들이 터를 잡고 있던 곳이기도 했다.

    그러나 보수성향의 총장이 취임하면서 반전운동에 앞장섰던 유능한 진보 성향의 학자들이 대거 대학을 떠나야 했고, 그 이후로 내리막을 걸어야 했던 불운의 대학이기도 하다. 만약 많은 교수들이 카본데일을 떠나지 않았더라면 당시 인문사회 영역에서 쌓아왔던 학문적 명성과 권위를 유지할 수 있었을 것이고, 그를 토대로 보다 큰 학문적 발전을 이룰 수 있었을 것이다.

학문의 고향 카본데일

▲ 남일리노이대학교 교정

이런 역사를 갖고 있는 카본데일은 나에게는 가장 중요한 학문의 산실이었다. 20대 후반과 30대 중반까지 석사와 박사 학위를 모두 이곳에서 받으면서 학문적 틀을 형성한 곳이니 나에게는 학문의 산실이 아닐 수 없다.

내가 수학한 저널리즘대학원도 제법 유명하다. 한국인 졸업생으로는 서울대 강현두 교수, 한양대 이광수 교수, 경희대 이경자 교수 등과 같은 한국의 언론학계를 주름잡던 인사들이 이곳을 졸업했다. 또한 내가 가장 존경하는 오래곤 주립대학교 염규호 교수도 남일리노이대학교 출신이다.

유학생활

　염 교수는 현재 미국언론학회(AEJMC) 회장을 맡고 있고, 언론법 분야에서의 탁월한 연구능력과 학계의 두터운 신망을 받고 있는 세계적인 석학이다. 그로부터 받은 학문적 자극이 결정적으로 나를 미국 유학길에 오르게 했다.

　한국대학교육협의회 사무총장을 지낸 상명대학교 이현청 총장과 실천적 사회 이론가인 서울대 사회학과 한상진 교수, 수십만 명의 회원을 거느리고 있는 온라인 영어교육의 선두 윙글리쉬 연구소 김명원 소장, 김 소장의 아내인 외국어대학교 정치외교학과 서경교 교수 등도 남일리노이대학교에서 수학한 동문들이다.

　나와 동시대에 저널리즘대학원에서 함께 공부했으며 지금은 학문적 동료가 된 사람들로는 한양대 이재진 교수, 성균관대 권상희 교수, 신동희 교수, 인하대 하주용 교수, 충남대 김재영 교수, 서울여대 오미영 교수, 청주대 이효성 교수 등이 있다. 언론학계에서 영향력 있는 계보를 형성할 정도로 막강한 동문 교수들이 한국의 여러 대학에서 후진양성에 힘쓰고 있다.

　나의 세부전공은 언론법이다. 특히 뉴미디어상에서 발생하는 표현의 자유, 명예훼손, 저작권침해 등 언론보도 과정에서 발생하는 문제들을 연구한다. 이 분야를 전공으로 선택하게 된 것은 학부시절 은사인 건국대 유일상 교수, 오래곤대학의 염규호 교수의 영향과 남일리노이 대학 시절 로버트 스펠만 교수의 가르침

학문의 고향 카본데일

▲ 건국대학교 언론홍보대학원장을 역임한 유일상 교수님과 아팔래치안 산맥에서

때문이었다. 유일상 교수는 KBS 해직기자 출신이며 지금은 선거 방송토론위원회 위원장직을 맡고 있다. 지도교수인 스펠만 교수는 변호사 출신이면서 언론계 경험을 갖춘 이론과 실무를 겸비한 언론법 전문가이다.

유학생활

미국에서 만난 큰 스승 로버트 스펠만

"Ho, See me!(경호, 나를 찾아와!)"

나를 무척 긴장시키곤 했던 이 짧은 세 단어.

로버트 스펠만 (Robert Spellman) 지도 교수는 내가 제출한 리포트나 논문 코멘트의 마지막에 늘 이 말을 남겼다.

그로부터 내가 배웠던 가장 큰 학문적 가르침은 한편으론 언론 윤리였지만, 다른 한편으로는 교수로서의 양심과 책임에 관한 것이었다. 특히 논문의 출판과 관련해서 그는 원칙을 고수하는 학자였다. 공저자로 그의 이름을 올리자고 하면 단호히 거부했었다. 교수가 학생이 논문을 발표할 수 있도록 지도하고 도움을 주는 것은 당연한 일인데 본인의 이름을 공저자로 올리는 것은 윤리적으로 용납이 되지 않는다는 이유였다. 제자의 논문 출판을 돕는다는 의미에서도 그냥 이름을 올릴 수 있었을텐데 그는 스스로의 학문적 윤리를 지키고자 했고, 그러한 그의 태도는 나에게 커다란 가르침이 되었다.

미국에서 만난 큰 스승 로버트 스펠만

◀ 학위 수여식에서 은사 로버트 스펠만 교수와 함께

박사 학위를 마치고 귀국하기까지 나는 그의 도움으로 여러 편의 논문을 국제저널에 게재할 수 있었다.

1997년 IMF시절, 경제적 어려움으로 학업을 지속할 수 있을까를 심각하게 고민하고 있을 때, 여러 가지 도움을 주셨던 분도 스펠만 교수이다. 어느 날 그의 연구실을 찾았을 때, 그는 뜻하지 않은 제안을 하셨다. "우리집 청소를 해보지 않겠느냐?"는 것이었다. 부부가 교수였고 집이 넓어서 청소도우미가 주 1회 혹은 2회 관리를 하고 있었는데 이 일을 나에게 부탁한 것이다.

이렇게 해서 나와 아내는 처음으로 소위 청소 알바를 하게 되었다.

유학생활

    1843년 링컨 대통령의 친구가 그 집의 건축가였다는 사실만으로도 그 집을 청소하는 것이 뿌듯했다. 내가 청소기를 돌리면 아내는 설거지를 했고, 내가 화장실을 맡으면 아내는 안방을 맡곤 하는 식이었다.
    우리 부부는 1주일에 한 번씩 스펠만 교수 집에 청소하러 가는 걸 즐겼다. 내가 살던 카본데일에서 스펠만 교수가 살고 있는 애나라는 도시까지는 차로 40분 정도 걸렸다.
    정신적 여유가 없었던 우리 부부가 유일하게 차 안에서 도란도란 이야기를 나눌 수 있는 시간이었고 멋진 풍광을 보며 드라이브를 할 수 있는 시간이었다.
    아내는 청소하다가 잠깐 쉬는 동안에는 거실에 놓인 오래된 피아노를 연주하곤 했고 버려진 책들을 주어다 읽곤 했다. 리더스 다이제스트에서부터 오래된 소설책까지 있어 그것이 청소하러 가는 아내를 무척 신나게 했다.
    스펠만 교수는 청소하러 가는 날이면 집에 본인 서명만 한 개인수표를 두고 갔다.
    금액은 알아서 적으라는 뜻이다. 그야말로 백지수표인 셈이었다. 미국에서는 렌트비, 공과금, 카드값 결제에서부터 쇼핑까지 개인수표(personal check)를 일상생활에서 마치 현금처럼 두루두루 사용한다. 청소가 끝나고 개인수표에 금액을 적을 때마다 스펠만 교수가 나에게 보여준 배려와 신뢰에 가슴이 뭉클했다.

학문보다 값진 체험

학문보다 값진 체험

카본데일에서 나는 학업 이외에 다양한 경험을 했다. 유학 선배들이 어려웠던 시절 연명했다던 말로만 듣던 청소는 물론이고, 딸기 따는 아르바이트 경험도 소중한 추억이다. 약 3kg 짜리 한 박스를 따면 3달러씩을 받는 딸기 따기 아르바이트는 봄 학기가 끝나는 5월 초 시점과 늘 맞물려 있었다. 한국 유학생 중 더러는 재미삼아 돈을 벌 목적으로 약 열흘에서 길게는 2주 동안 집중적으로 하는 아르바이트였다.

이른 새벽부터 오전 11시까지 딸기를 따는 일이 더구나 남자에겐 그렇게 낭만적이지 않다는 사실을 새삼 깨닫게 되었다. 남자가 쭈그려서 딸기를 따야하는 건 신체적으로 상당히 불리하다. 한 박스라도 더 채울 욕심으로 허리 한번 제대로 펴지 못하고 딸기를 따고 집에 오면 나와 아내는 녹초가 되어 오후 내내 잠을 자곤 했다. 비가 와서 땅이 질퍽질퍽 할 때면 온 몸에 땀과 비, 진흙이 범벅이 되어 몸을 제대로 가눌 수 없을 정도가 되기도 했다. 그렇게

유학생활

해서 모은 돈은 여름학기 학비로 보태기도 하고, 여름 여행 가는 데 쓰기도 했다. 한 해는 열흘 동안 딸기를 따고나니 기다렸다는 듯이 차가 고장이 나 어렵사리 모은 돈 전부를 수리하는 데 쓴 적도 있다. 마음이 좋지 않았음은 물론이다. 지금도 내게 딸기는 맛으로 먹는 과일이기 이전에 추억을 먹는 과일이다.

일회용 카메라가 실제 일회용으로 그치는 것이 아니라 재생된다는 것도 아르바이트를 통해 알게 됐다. 사진관에 모여진 일회용 카메라를 수거해 재생하는 일이었다. 시간당 5달러를 받는 작업인데, 사용하고 버려진 일회용 카메라를 수집해서 남은 배터리와 스티커를 떼어내고 새로운 스티커를 붙이는 작업이다.

지인의 소개로 하게 되었는데, 허름한 창고에서 이루어지는 만만치 않은 작업이었다. 스티커 떼어내는 과정을 쉽게 하기 위해 물에 카메라를 잠깐 담궈두곤 했다. 맨손으로 딱딱한 카메라 케이스에서 배터리를 제거하고 물에 불린 스티커를 떼어내고 나면, 손끝이 쓰라리고 얼얼해져 나중에는 감각마저 없어졌다. 그렇게 아내와 10시간 일하고 나면 각각 50달러씩 100달러를 벌어서 집으로 오곤 했다.

지극히 추상적인 단어 '행복'이라는 걸 떠올리면 나는 유학시절 이런 경험들이 가장 먼저 생각난다. "행복은 명사가 아닌 동사"란 프롬의 말도 같은 맥락일 것이다. 유학시절은 공부라는 게 가장 중요한 목적이었지만, 어려움 속에 느꼈던 일상의 소소한 기쁨과 소중한 경험들은 지금도 행복의 밑거름이 되어준다.

옥션에 빠지다

중고 자동차를 싸게 사기 위해 전문 딜러와 함께 시카고 옥션을 자주 다녔다. 차가 필수품인 미국 생활에서 유학생들은 대부분 중고차를 구입하곤 한다. 중고차를 좀 더 저렴하게 사려고 여기저기 알아보던 중, 그 지역에서 자동차 매매상을 하던 중동계 친구를 따라 옥션에 갔던 일이 계기가 되어 이후 새로 오는 유학생들의 자동차를 사주는 일이 빈번해졌다. 잘 사면 전체 금액의 3분의 1 정도를 절약할 수 있었다.

카본데일에서 시카고 옥션까지는 5시간이 넘게 걸렸고, 거리상으로도 따지자면 부산에서 개성까지 보다 먼 결코 만만치 않은 거리였다. 전문 딜러 자격증을 갖고 있는 그 친구와 나는 밤 12시가 넘게 출발하여 밤새 운전을 하고, 새벽에 시카고 옥션에 도착하곤 했다.

여러 개의 축구장을 합쳐놓은 것보다 넓은 시카고 옥션에서 선택을 기다리고 있는 수천, 수만 대 자동차를 대면하는 것이란 참

유학생활

▲ 옥션을 통해 구입한 승용차에 쌓인 눈을 치우며

으로 기분이 묘하다. 현기증이 날 정도로 즐비한 자동차들 중, 타보고 만져보고 들어보며 몇 대를 골라내야 하는 일을 자주 하다 보니 자동차에 관한 한 나도 모르게 매우 민감한 더듬이를 갖게 되었다. "하지만 중이 제 머리 못 깎는다"라는 속담이 있다. 이상하게 나를 위한 차를 선택한 것에는 운이 따르지 않았다.

지금도 자동차를 타면 습관적으로 소리를 듣게 되고 타이어의 밸런스를 감지하고, 부품을 점검하게 되는 건 모두 이때의 웃지 못할 경험 때문이다. 오죽하면 아내가 "내가 뽀글이 퍼머를 해도 알아채지 못하면서 차에는 어쩜 그리 예민하냐, 아내보다 차가 소중하냐"고 불평까지 하겠는가?

유학생들에게 자동차를 대신 사주는 일이 자주 있다 보니 유학생들 사이에는 내가 이 일로 돈을 벌고 있다는 소문에서 혹은 자동차 딜러를 전문으로 하려고 한다는 소문까지 나돌았다고 한다.

나와 차와의 인연은 좀 남다르다. 아내를 처음 만난 것도 차 안이었다. 초기 유학시절, 고물차를 구입해서 털털거리며 타고 다녔던 기억도 새롭다. 도서관 문이 닫치면 밤늦게까지 함께 공부하던 한국 유학생들을 태워 각자의 집으로 배달(?)하곤 했다. 90년대 초만 해도 차를 가지고 있던 유학생이 그리 많지 않았던 시절이었다.

차가 있다 보면 새로 오는 유학생과 교환교수들을 픽업하러 나가는 일도 다반사다. 카본데일에서 가장 가까운 큰 도시, 공항이 있는 곳은 2시간 거리에 있는 미주리주 세인트루이스이다. 시카고를 거쳐 세인트루이스로 가는 것이 카본데일로 가는 일반적인 경로이다.

새로 오는 유학생과 교환교수들이 대중교통편이 여의치 않기 때문에 카본데일에 사는 학생들이 픽업을 나가는 일은 자연스러운 일이었다. 심지어 방학이 끝나고 새 학기가 시작될 무렵이면 하루에도 왕복 두 번씩 세인트루이스 공항으로 마중을 나가기도 했다. 아침부터 밤까지 줄곧 운전을 했다는 이야기다.

돌이켜보면 차를 좋아하고 차에 대한 관심이 많기도 했지만, 한창 젊던 시절이라 서너 시간 운전을 하고 마중을 하러나가는 일이 부담보다는 설렘이 앞서기도 했던 것 같다.

팰로우십(fellowship)과 논문

저널리즘 대학원에서 수여하는 우수 대학원생 상을 네 차례 받았다. 매 년 대학원생들 중 학업성적과 학술지 게재 등에 있어서 우수한 학생들을 선발하여 주는 상이었다. 박사 논문을 쓸 무렵에는 팰로우십(fellowship)을 받았다. 일하는 것을 조건으로 하지 않아도 받을 수 있는 일종의 장학금으로, 논문 쓰는 것에 집중하라는 의미에서 월 1,200달러 정도 받았다. 돈의 액수도 액수이지만, 팰로우십 그 자체가 나에게는 영광스러운 것이었다.

박사 과정 동안 나는 연구 조교를 했다. 500달러 정도 되는 월급을 받았고 학비는 전액 면제였다. 아내는 영어교육학 대학원에 진학했고, 한 학기가 지나면서 역시 연구 조교로 일할 수 있게 되어 학비 면제와 더불어 500달러 정도의 월급을 받았다. 우리 부부가 받는 월급으로 생활은 그럭저럭 꾸려갈 수 있을 정도였다.

두 사람이 논문을 쓰는 시기가 겹치며, 아내는 상당한 스트레스를 받았다. 집에 컴퓨터가 한 대 밖에 없었던 것도 큰 이유였다. 비슷한 시기에 둘 다 논문을 쓰며 두 사람의 공부하는 방식과 성격도 극명하게 다름을 알게 되었다.

가령 다음 날 시험이나 발표가 있는 경우, 아내는 끝내지 못하면 밤에 잠을 잘 들지 못하는 성격이었고, 나는 일단 자고 다음 날 일찍 마무리해야지 하는 식이었다. 아내는 어떻게 일을 끝내지 않고도 코까지 골며 잠을 잘 수 있느냐고 나의 이런 느긋한 성격이 부럽다고까지 했다. 나는 아내가 일을 마무리할 때까지 마지막 순간까지 집념을 보이는 게 부러웠다.

다행인 건 밤에는 아내가 컴퓨터를 사용하고, 새벽에는 내가 작업하는 식으로 컴퓨터를 번갈아 썼다. 심지어 아내가 컴퓨터로 작업을 끝내고 잠자리에 들면, 내가 일어나는 시간이 되어 자연스럽게 컴퓨터를 번갈아가며 쓸 수 있었다.

유학생활

비검 할머니와의 소중한 인연

미국 유학시절 소중한 사람들을 많이 만날 수 있었다. 그 중 비검 할머니는 특히 잊을 수가 없다. 젊은 시절 배우 비비안 리를 닮았을 정도로 아름다운 미모를 간직하고 있었다면, 지금은 70이 넘어 온 얼굴에 주름이 가득해도 그 나이에 가질 수 있는 최고의 아름다움을 간직한 분이다. 얼마 전 할머니를 찾아뵈었을 때에도 여전히 고우셨고, 더구나 내 딸 서아를 위한 턱받이 손수건을 직접 만들어 선물로 주시기까지 했다.

남편인 비검 할아버지는 한국전에 참여했다고 한다. 몇 해 전 먼저 세상을 떠나셨다. 10,000~12,000 에이커가 넘는 우리로서는 상상도 할 수 없을 정도로 넓은 옥수수농장을 운영하고 있다. 교회 목사님의 소개로 알게 된 비검 할머니는 한국인 유학생에 대한 관심과 사랑이 남달랐다. 우리 부부가 그곳에 사는 동안 한 주도 거르지 않고 한국인 유학생이나 유학생 부인들을 위한 성경공부나 회화공부에 도움을 줬다. 내가 미국을 떠난 후에도 한국인

비검 할머니와의 소중한 인연

▲ 일리노이의 비검 할머니 초청 크리스마스 파티

유학생들과의 만남을 지속하고 있다고 하니, 할머니의 한결같은 사랑에 절로 고개가 숙여진다.

비검 할머니는 해마다 추수감사절이나 크리스마스가 되면 한국인 유학생들을 집으로 초대해 파티를 했다. 물론 할머니가 정성스럽게 만든 미국 음식을 차려놓고 멋진 드레스를 입고 우리를 맞이하곤 했다. 비검 할머니 집 근처에 아들, 딸, 손녀, 손자가 살고 있었는데 크리스마스 파티에는 모두 함께 자리했다.

미국 농장의 가을놀이 중 하나인 헤이라이드(hayride; 말이나 트랙터가 끄는 건초 더미 위에 올라타고 가기)에 초대받기도 했다. 별이 쏟아질 듯 맑고 깊은 가을 밤, 트랙터를 타고 농장주변을 돌다보면 미리 준비한 농장 창고에서 귀신이 나오기도 하고,

유학생활

▲ 비검 할머니 내외와 함께

모닥불을 피워놓고 밖에서 소시지나 메쉬멜로우를 구워먹기도 했다. 할머니는 우리 부부를 가족처럼 품어주었다. 미국 유학생활이 훨씬 풍요로울 수 있었던 것도 비검 할머니가 없었다면 생각할 수가 없다.

특히 할머니의 검소함은 배울게 많았다. 집에 가면 몇십 년 된 냉장고와 심지어 지금은 박물관에나 있을법한 미닫이 형식의 문이 달린 텔레비전이 그대로 거실을 차지하고 있었다. "고장나지 않았는데 바꿀 필요가 있느냐"는 것이었다. 그렇다고 할머니 집이 고물상을 연상시키는 건 아니다.

집은 주인을 닮는다고 하지 않던가? 손수 만든 커튼, 할머니 어머니의 그림, 최신 들여놓은 오븐 등이 기품과 조화를 담고 있었고

비검 할머니와의 소중한 인연

집은 은은한 조명으로 아늑했다. 유행과 최신에 민감해서 가구나 전자제품을 자주 바꾸는 우리의 모습과 대조적이다. 한편으로 생각하면, 가구나 전자사업이 이런 고객들만 있다면 망하기 십상이다. 하지만 남을 위해서는 씀씀이를 아끼지 않으면서도, 정작 불필요하다고 생각하는 겉치레나 낭비는 전혀 하지 않는다는 원칙을 지키며 사시는 분이었다.

할머니는 우리 부부를 보기 위해 두 번 한국을 방문했다. 유학생활을 마치고 미국을 떠나기 전, 나는 한국에 초대하고 싶다고 말했다. 미국을 떠나며 미국인 친구나 교포들에게 의례적으로 '한국에 오면 연락하라' 말하곤 했다. 할머니의 대답은 오케이였다. 오면 정말 좋겠다는 생각이었지만 나이도 있는데 쉽지 않을 거라 반신반의했다.

비검 할머니와 할아버지는 우리가 귀국한 후 6개월 뒤 정확하게 약속을 지켰다. 2001년 당시 나는 서울에서 시간강사를 하고 있었다. 그래서 서울과 경주를 함께 여행했다. 그해 겨울 결혼 50주년 금혼식을 앞두고 있어, 우리 부부는 두 분에게 금혼식 때 입을 개량 한복을 선물로 드렸더니 무척 기뻐하셨다. 할아버지는 금혼식을 몇 개월 앞두고 세상을 떠나셨다. 할머니는 행사가 있을 때면 그 한복을 자주 입으신다고 전해 들었다.

내가 제주대학교에 자리를 잡고 다시 한 번 할머니를 초대했다. "제주는 한국에서 가장 아름다운 섬인데 한 번 오시면 어떻

유학생활

▲ 제주대학교 교정에서 아이들과 함께한 비검 할머니

겠느냐" 전했고 할머니는 그 이듬해 벚꽃이 만개한 봄, 제주를 찾았다. 아내는 할머니를 제주의 명소뿐 아니라 대중 목욕탕에까지 데리고 갔고, 할머니는 이를 두고 "인생에서 가장 와일드한 경험"이라고 표현했다.

공중 목욕문화가 없는 미국인 할머니가 평생 처음으로 옷을 벗고 다른 사람들과, 그것도 처음 본 한국 사람들과 한 욕조에서 몸을 담그는 체험을 했다고 하니 생각만 해도 웃음을 머금게 된다.

22년을 나와 함께한 지갑

22년을 한결같이 나와 함께한 물건이 있다. 지갑이다. 1990년 유학을 떠나기 전에 선물로 받은 것인데 올해로 벌써 22년째가 된다. 땀에 찌들고 낡고 닳아서 실밥이 터져 있고, 지폐가 온전히 들어가지 않을 정도로 너덜너덜해진 지갑이지만 내 젊은 시절을 곁에서 지켜본 거의 유일한 존재이다. 강산이 두 번 변하고도 남은 세월을 이렇게 낡아 빠진 지갑을 계속 지니고 있었는지 나 자신도 놀란다.

그 지갑 안에는 내가 만난 사람들의 명함이 있고, 내가 누구인지를 말해주는 신분증이 있고, 나의 경제적 신용을 말해주는 카드와 돈이 들어있다. 지난 세월을 합산하면 아마도 수천 명의 사람들이 내 지갑 안에 명함으로 머물렀을 것이고, 수 백 장의 내 명함도 이곳으로부터 만나는 사람에게 전달되었을 것이고, 적지 않은 금액의 돈도 들어 있었을 것이다.

자동차는 20년이 넘으면 클래식이라고 해서 가격이 오히려 올

유학생활

▲ 22년의 세월을 함께한 지갑

라간다. 잘 관리한 50년대, 60년대, 70년대 자동차들은 요즘 나온 신형자동차보다 훨씬 비싸다. 세월의 가치가 자동차의 가치에 더해지기 때문이다. 오랜 세월의 가치를 담고 있는 지갑은 내게는 비싼 클래식 자동차와 같은 존재이다.

아내가 새 지갑을 사서 낡은 것을 버리고 새것을 갖고 다니라고 해도 왠지 오래된 지갑이 편해서 여전히 갖고 다닌다. 조금 낡기 시작했을 때는 버리고 새로운 것을 살까 하는 생각이 들었지만, 사용하는데 전혀 불편함이 없어서 그대로 지니고 다녔고, 이젠 오히려 그 지갑에 대한 애착을 갖게 된다. '하루를 입어도 10년을 입은 것 같은 느낌, 10년을 입어도 하루를 입은 것 같은 느낌!' 이 광고 문구의 참 의미를 지갑을 통해 체험하고 있다.

22년을 나와 함께한 지갑

지갑을 보면서 나는 가끔 '내가 누군가에게 없어서는 안 될 반드시 필요한 존재로 오랜 세월을 함께 할 수 있다면 얼마나 좋을까!'하는 생각을 하곤 한다.

이미 낡은 지갑을 얼마나 더 오래 지니고 있을 지 확신할 수 없지만, 내가 앞으로 만날 많은 이들의 명함과 나의 경제적 삶의 활동이 지갑 속에 무형의 가치로 기록되어 오래 남아 있을 것이다.

교육 전문가로

교육 전문가로

대학수학능력시험 출제

    수백 명의 대학교수, 교사 및 수능 전문가들이 한 번의 수능 출제를 위해 꼬박 한 달간 감옥살이를 한다. 바깥세상과 소통이 단절되니 감옥이라고 할 수 밖에. 나는 본수능시험과 모의수능시험에 언어영역 출제위원으로 여러 차례 참여했다. 보안상 출제과정에 대해 자세히 밝힐 수는 없으나 고생이 이만저만이 아니었다. 한 번씩 출제를 다녀오면 머리칼이 한 줌씩 빠지고, 몸무게가 3kg 정도씩 빠질 정도였으니까.
    사회문제답게 범교과적인 지문을 만들고, 그 지문의 핵심을 물을 수 있는 문항과 답지를 만들어야 한다. 종종 내가 출제하고자 하는 지문을 포기해야 할 때도 있다. 여러 가지 이유에서이다. 내가 출제하는 문제는 사회 영역의 문제이기 때문에 사회성이 있는 지문을 선택하고자 한다. 일상에서 발생하는 커뮤니케이션 현상에 대한 이해와 비판적 능력을 테스트하기 위해서다. 그러나 사회성이 너무 강하거나, 교육적이지 않거나, 특정한 학생들에게 유불리를 초래할 가능성이 있는 경우는 아까워도 포기해야 한다. 조금이라도 문제의 소지가 있는 경우에는 언어 영역 전체 팀원의 동의를 얻기 어렵고, 더 나아가 전체 검토 과정을 통과하기는 더 어렵다. 여러 차례의 출제 경험을 통해 체득한 것은 출제 과정에서 문제가 되면, 시험이 끝나고서도 문제가 되어 고생을 하게 된다는 것이다. 문제에 대한 이의 신청이 많은 것이 바로 그 경우이다.

  정답 지문을 만드는 것은 그리 어렵지 않다. 오히려 네 개의 오답지를 만드는 것이 만만치 않은 작업이다. 서로 간섭하지 않고 독립적인 네 개의 오답지를 만들지 못하면 문제를 포기하는 경우도 많다. 오답지 네 개가 완벽하게 만들어지지 않으면 아무리 머리를 쥐어짜도 문제를 살릴 방법이 없다.
  출제위원들이 농담 삼아 하는 이야기는 나중에 아들을 나면 '기출'이란 이름은 절대 짓지 않겠다고 한다. 문제를 어렵게 완성해 놓고도 막판에 이미 기출 문제로 판명되면 원점으로 돌아가서 그 고통스러운 작업을 또 다시 해야 하기 때문이다.

  출제 기간 동안 내 전공인 신문방송 영역 이외의 분야인 인문, 사회, 과학 분야의 권위 있는 교수들과 훌륭한 교사들을 만날 수 있었다. 그 중 몇몇 교수들과는 지금도 친구처럼 지낸다. 닫힌 공간에서 잠자는 몇 시간을 빼고는 출제 기간 내내 얼굴을 마주하며 같은 고민을 하게 되어 강한 동료 의식, 동질감을 느끼게 된다. 전

교육 전문가로

도유망한 젊은 생물 과학자, 걸어 다니는 국어사전, 지문만 보면 문제의 성립여부를 직감하는 테스트 전문가 등… 그들 중 일부는 또 출제위원으로 착출(?)될 가능성이 높아 실명을 밝힐 수 없다.

비록 출제위원으로 몇 차례 참여하기도 했지만 나는 우리 아이들이 단 한 번의 입학시험으로 인생을 결정하게 하는 현재의 입시 제도는 전면적인 재검토가 필요하다고 생각한다.

해마다 시험이 끝난 후에 비관자살하는 학생들이 되풀이 나온다는 건 참으로 안타까운 한국의 현실이다. 작년에는 1교시 시험이 끝난 후에 옥상에서 뛰어내려 투신 자살하는 사건이 있었다. 1교시를 망쳤으니 나머지 시험을 쳐 봐야 무슨 소용이 있겠느냐는 자포자기의 심정으로 극단적 선택을 한 것이다. 올해도 수능이 끝난 후에 비관 자살하는 학생이 또 나오고 말았다.

고등학교 3년을 모두 그 수능을 위해 준비했다고 해도 과언이 아닌데, 시험을 망치고 나면 그 허탈함과 좌절이 얼마나 클지는 쉽게 짐작하고도 남는다. 한 번의 시험으로 진로가 결정되는 것은 바람직하지 않다. 당일 몸 상태라도 좋지 않으면 현실은 너무 가혹하다. 그래서 나는 기회가 있을 때마다 두 번의 본 수능을 치르자고 주장해왔다.

한 번으로 끝날 것이 아니라 최소한 두 번의 기회를 통해서, 그 중 나은 점수를 제출하도록 하면 된다. 그러면 중압감으로부터 어느 정도 벗어날 수 있을 것이고, 수년간 준비한 능력을 제대로 평가받을 수 있는 가능성이 높아진다.

힘든 과정을 통해 출제를 하고 나면, 그래도 내가 출제한 영역의 문제를 60만 수험생들이 고민하고 푼다는 사실에 긍지를 느낀다. 사실 나는 기초능력과 준비가 부족해서 학력고사를 거의 포기하다시피 치른 사람이다. 그런 내가 우리나라의 미래를 책임질 60만 수험생들의 수학능력을 평가하는 대학수능문제를 출제했다는 것은 오히려 나에게 영광스러운 일이었다. 수험생들을 테스트 하는 것이 아니라 나 자신을 테스트 하는 과정이었다.

재미있는 건 출제위원이나 검토위원으로 착출된 날고 긴다는 최고의 교사, 강사들이지만 실제로 전체 문제의 80점을 넘기기란 쉽지 않다는 사실이다. 극소수이지만, 일부 학생들이 출제위원을 비웃기라도 하듯 100점 만점을 맞는다. 어떻게 그런 일이 가능한지 난 그저 한국 학생들이 놀랍고 경이로울 뿐이다. 테스트 공학에 따른 거라나.

마지막 출제위원인 경우에는 수능 4교시 시험이 시작되어야 비로소 자유를 만끽한다. 한 달 동안의 감옥생활을 마치고 출소를 하게 되는 것이다. 바깥 세상과 소통하는 자유의 소중함을 새삼 깨닫게 되는 순간이다. 출제를 가면 제일 좋아하는 건 아내다. 우선 체중이 줄어 나오고, 무엇보다도 출제수당이 나온다. 한 달

교육 전문가로

만에 돌아오면 집은 뭔가 변해 있다. 커튼이 바뀌어 있다든지, 안 보던 가구가 생겼다든지… 아내는 어차피 연락이 안 되니 남편의 동의없이 뭔가 바꿀 수 있는 유일한 자유의 시간이고 일탈의 행복이니 인정해달란다. 나에게는 일상에서 읽기 어려웠던 인문 서적을 읽을 수 있고, 또 뭔가 한 수 배워서 나온다는 느낌 때문에 힘들어도 또 가게 된다.

로스쿨 입학시험 출제

로스쿨 첫 졸업생이 2012년도에 배출된다. 사법시험을 대체하고 다양한 분야에 전문성을 갖춘 법조인을 양성하기 위해서 2009년 전국 20개 주요 대학에 로스쿨이 설치되었다. 로스쿨을 졸업하면 자격 시험을 거쳐 변호사 자격을 얻을 수 있기 때문에 로스쿨 입학은 법조인이 되기 위한 보증 수표와도 같은 것으로 받아들여지고 있다. 때문에 사회 각 분야의 우수한 자원들이 치열한 로스쿨 입시 전쟁을 치르고 있다.

로스쿨에 입학하기 위해서는 로스쿨 적성시험을 치러야 한다. 나는 이 시험의 출제 기회를 갖게 되었다. 전문대학원인 로스쿨에서 수학하기 위해서 필요한 언어능력을 측정하기 위해 마련된 영역이 내 출제분야였다. 시험의 출제 방식은 대학수학능력시험과 유사했지만, 한 차원 더 수준 높은 지문의 선정과 문제를 출제해야 했다.

교육 전문가로

출제위원들은 관련 분야에서 내노라하는 전문가들이기 때문에 학문적 자존심이 대단히 강하다. 그러나 수험생의 언어적 사고 능력과 논리의 전개, 비판적 분석 능력 등을 측정해야 하고 자신이 출제한 문제에 대해서는 책임을 져야 하기 때문에 말로 표현할 수 없을 정도의 스트레스를 받는다. 누가 봐도 분명하게 정답은 정답이고, 오답은 오답이어야 하기 때문이다. 문제가 없는 문제를 출제하기 위해서는 고도의 집중력이 요구되고 밤샘 작업도 밥 먹듯이 할 수밖에 없다.

나는 법대 교수를 포함한 언어 영역의 교수들과 출제 기간 3주 동안 함께 하며 법조인의 언어 사고 능력과 논리력의 중요성에 대해서 열띤 토론을 했다. 특히, 급변하는 미디어 환경에 대한 법조인의 열린 사고와 이해의 필요성을 강조했다. 나는 미디어를 통해 법조계와 일반 국민들 간의 소통이 이루어지기 때문에 법조계에 대한 언론의 이해와 연구의 필요성에 대한 견해를 피력했다.

대학수능과 로스쿨 출제위원이 되면서 나는 교육자와 피교육자, 출제자와 수험자의 입장에서 시험이라는 걸 통합적으로 바라보게 되었다. 중·고등학교 시절 출제자의 의도와 심리를 파악하여 문제를 바라볼 수 있었다면 훨씬 더 좋은 성과를 거두었을 것이다.

'이 문제에 대한 답이 무엇일까?'를 고민하기 전에 '왜 이 문제를 만들었을까?' 더 나아가 '이 오답은 어떤 사고의 오류의 함정을 유도하기 위한 것일까?'를 고민해 볼 필요가 있다는 것이다. 비단 시험에만 이런 것이 적용되는 건 아니다. 어떤 문제에 직면했을 때, '나 중심적 사고'에서 '타자 중심적 사고' 혹은 '역지사지(易地思之)'의 사고를 갖는데 출제 경험은 상당한 도움이 되었다.

출제가 끝나고 나오면 웃지못할 부작용도 한동안 지속된다. 비문, 즉 틀린 문장에 대한 압박으로부터 자유로울 수가 없다. 심지어는 '지금 내가 하는 말이 비문은 아닌가' 하고 되새김질하는 습관도 생긴다. 출제에 대한 자부심과 더불어 '이번에도 한 수 배웠구나!' 하는 뿌듯함이 있어, 매 번 '이번까지만 해야지' 하다가도 또 출제위원 제의를 수락하게 된다.

교육 전문가로

의학전문대학원/치대 입학시험

출제위원들이 '저승사자'라고 부르는 사람이 있다. 출제를 위촉하기 위해 전화를 거는 한국교육과정 평가원의 연구원을 일컫는다. 고생스럽고 힘든 출제 과정에 동승하기를 요청하기 때문에 저승사자라고 부른다. 수능과 로스쿨 입학시험 출제를 여러 번 경험했기 때문에 더 이상 출제하지 않겠다고 생각해도 출제 참여 요청 전화를 받고 나서 매번 또 고민하지 않을 수 없었다.

한 번은 수능도 아니고 로스쿨 입학시험도 아닌 의학전문대학원/치대 입학 시험 출제위원 참여를 요청받았다. 평소에 나는 의사와 환자간의 커뮤니케이션과 의학을 포함한 과학보도에 관심이 있었기 때문에 출제팀에 또 동승했다. 약 3주간의 출제기간 동안 완전히 격리된 생활을 해야만 했다. 외부와 격리되어 장기간을 생활한다는 것이 얼마나 힘든 일인지 경험해보지 않은 사람은 모른다. 언론학 교수가 의학전문대학원 입학시험에 무슨 문제를 출제

할 수 있을까? 의아해 할 수도 있을 것이다. 사실 처음에 나도 고개를 갸우뚱했다. 그러나 로스쿨 입학시험처럼 의학전문대학원과 치대에서의 학업은 높은 수학능력을 요구하며, 의사가 되어서도 고도의 언어적 논리력과 사고력이 필요하다. 그 능력을 측정하기 위해 언어영역이 있고, 또 그 안에 사회문제가 포함되어 있다.

언론학 학자로서, 의사가 되고 싶어 하는 사람들에게 어떤 문제를 통해 의사에게 요구되는 언어적 사고능력을 측정할 수 있을까? 많이 고민했다. 내 전공이 언론학이니 전공 영역과 관련되어 있으면서도, 의학 전문대학원을 진학하려는 일정정도의 수학능력을 갖춘 수험생들이 한 수 배울 수 있는 문제를 출제해야 하는 고민이었던 것이다.

내가 출제한 완성된 지문과 문항은 검토위원의 검토와 영역별 교차검토, 전체 검토를 통해 문항이 성립하는지, 정답 및 오답 시비는 없는지 최종 검토를 거쳐 수험생들에게 전달되었다. 아무런 탈 없이 시험이 끝났고, 내 문제에 대한 이의신청 내용도 큰 문제는 없었다. 그제야 비로소 나는 안도의 한 숨을 내쉬었다.

TV 시사토론 진행과 영자신문 창간

TV 시사토론 진행과 영자신문 창간

시청자 여러분 안녕하십니까.

진행에 김경호입니다.

"시청자 여러분 안녕하십니까? MBC 시사진단에 김경호입니다."

방송은 이렇게 시작되었다.

2005년 한 통의 전화를 받았다. 제주MBC 보도국장으로부터 걸려온 전화였다. MBC TV의 대표 토론 프로그램인 '시사진단'의 진행을 맡아줄 수 있겠냐는 제안 전화였다. 그때 나는 제주로 내려 온지 오래되지 않아 제주를 잘 알지 못하는 상태였다. 제주를 알지 못하고 TV토론 프로그램을 진행한다는 것은 상상할 수 없는 일이었다. 보도국장에게 "제주를 잘 알지 못하는데 그래도 괜찮겠느냐?"고 물었다. 국장은 공부해가면서 진행하면 차츰 나아지지 않겠느냐며 진행을 맡아줄 것을 재차 부탁했다. 그렇게 시작된 MBC 시사진단 진행은 만 2년 동안 지속되었다.

시청자 여러분 안녕하십니까. 진행에 김경호입니다.

▲ 방송시작 전 카메라 테스트 중

'MBC 시사진단'은 매주 수요일 저녁 11시부터 약 한 시간 동안 방송되었다. 이후 방송 시간이 바뀌기도 했다. 제주에서 쟁점이 되는 다양한 주제를 다루었다. 각 분야 전문가와 관계자 등 다양한 사람들을 만나게 된 계기가 되었다.

도지사, 국회의원, 중앙부처 관계자, 시민사회 단체, 환경단체, 주부, 농어촌 종사자까지… 매주 네 명의 패널을 초청했다. 명함을 보관하는 내 지갑의 두께가 점점 두꺼워져갔다. 만 2년을 방송했으니 어림잡아도 400명이 넘는 다양한 계층의 사람들을 만난 것이다.

시사진단 방송 진행 초기에는 강렬한 조명이 켜지고 "방송 15초 전입니다."라는 조연출의 목소리가 들리는 순간에는 당장이라도 숨이 멎을 것만 같았다. 엄청난 긴장의 시간이 흐른다. 카

TV 시사토론 진행과 영자신문 창간

메라를 응시해야 하는데 눈만 카메라를 응시했지 심장은 제 멋대로 쿵쾅거렸다.

시사토론 진행은 회를 거듭할수록 차츰 여유를 갖게 되었다. 하지만 방송은 매회 마지막 순간까지 긴장감으로 심장박동수가 빨라지는 것을 피할 수 없었다. '방송인 단명(短命)'이란 말이 틀린 말이 아님을 체감하게 되었다.

밖에 나가면 얼굴을 알아보고 인사를 건네는 사람들이 차츰 많아졌다. 사회적으로 뜨거운 쟁점에 관한 토론이 있고 난 이후에는 더욱 그랬다. 시청률이 12%를 기록한 적도 있으니 나의 얼굴이 사람들에게 인지되는 것은 어쩌면 당연한 일이었다. 고마운 일이었지만, 한편으로는 공인으로서의 역할과 책무는 중압감으로 다가오기도 했다.

도지사선거를 위한 선거방송을 진행하기도 했다. 후보자는 당시 김태환 현직 지사, 서울시 주택국장을 지낸 민주당 진철훈 후보, 삼성물산 회장을 지낸 현명관 후보가 참여했다. 제주도민들의 모든 관심이 선거에 쏠려 있던 터라 진행을 맡은 나는 긴장할 수밖에 없었다. 공정한 토론을 위해 어떤 후보라도 단 1초라도 시간을 초과하는 것을 허용하지 않았다. 나중에 들은 얘기인데, 너무 엄격해서 전체 진행이 조금은 딱딱했다는 평가였다.

가장 기억에 남는 토론으로는 제주대학교의 로스쿨 유치와 관련된 방송이었다. 내가 해당 단과대학에 소속되어 있었기 때문에 시청자 여러분 안녕하십니까. 진행에 김경호입니다.

▲ 제주특별자치도지사 선거방송토론회를 진행하면서

로스쿨 유치는 관심사였고, 실무 단장이 가까운 동료 교수였기 때문에 진행상황을 잘 파악하고 있었다. 제주대학교에서 로스쿨을 유치한다는 것은 결코 만만한 일이 아니었기 때문에, 올인해야 할 상황이었다. 하지만 준비는 그다지 긍정적이지 못했다.

나는 담당 PD에게 로스쿨 유치와 관련된 토론을 하자는 의견을 냈다. 그렇게 해서 관련 인사를 초청해 토론회를 진행하고, 이 이슈를 공론화할 수 있었다. 제주대 로스쿨은 어려움은 있었지만, 현재 잘 운영되고 있다.

또 하나 기억에 남는 토론으로는 해군기지 건설과 관련된 방송이다. 지금도 진행형인 사안이라 조심스럽지만, 나 역시 개인적 입장을 갖고 있었다. 하지만 진행자로서 입장을 드러낼 수 없었다. 한 번은 토론이 끝난 뒤 모 기관으로부터 전화를 받았다. 언

TV 시사토론 진행과 영자신문 창간

▲ 해군기지 건설 관련 토론 방송의 소개 화면

론담당자라고 밝히면서 한 번 만나고 싶다고 해서 그러자고 했다. 하지만, 결국 그는 찾아오지 않았다. 아마도 지켜보고 있다는 것을 알리기 위한 그들의 전형적인 전략이 아니었을까 추측해 본다.

다양한 주제로 많은 전문가들을 초청해서 방송을 진행하다 보니 폭넓은 인적 네트워크를 구축할 수 있었고, 많은 것을 배우고 공부하는 소중한 기회가 되었다. 정치, 경제, 사회, 문화, 관광, 환경, 교육 등 그야말로 모든 분야를 섭렵하는 시사토론이었다.

무엇보다도 언론학을 전공하고 가르치는 나에게 방송토론 진행은 실무와 이론을 보다 체계적으로 강의 할 수 있는 터전을 제공해주었다.

영자 신문 제주위클리 창간

영자 신문 제주위클리 창간

10000, 176, 90.

제주위클리를 나타내는 숫자이다. 현재 월 1만의 발행부수, 176개국 온라인 접속, 90여개국에 종이신문의 해외 배포가 이루어 지고 있다.

TV 시사토론 진행과 영자신문 창간

국제자유도시를 표방하는 도시에 영자신문 하나 없다는 것은 부끄러운 일이고, 영자신문은 국제자유도시를 위해서는 없어서는 안 될 중요한 인프라라고 생각했다. 아내 역시 제주에 관한 번역을 하며, 외국인들이 제대로 제주를 알 수 있는 설득력 있는 콘텐츠가 없고 소통할 수 있는 매개체가 없다고 아쉬움을 표현하곤 했다.

아내에게 영자신문을 창간하는 것이 어떻겠느냐고 제안했고, 아내는 동의했다. 내가 언론학 교수이고 아내는 대학원에서 영어교육학을 전공하고 대학에서 CNN 청취, 영자신문 독해 등을 강의 해오고 있었다. 더구나 제주를 무척 좋아해서 제주에 관한 영어책자 발간에 뜻을 두고 있던 터라 쉽게 의기투합을 할 수 있었.

돌이켜 보면 참으로 무모한 결정이 아닐 수 없었다. 신문을 만들어 해외 50여개국으로 신문을 발송해서 제주를 알리자는 계획이 얼마만큼의 재정이 필요하고, 얼마나 많은 인적 자원과 시간이 필요한 작업인지를 계산하지 못했다. 부부가 세상 물정을 몰라도 한참 몰랐던 것이다.

가장 큰 걸림돌은 자본이었다. 신문사를 창간하고 운영하는데 적지 않은 자본이 들어간다는 것은 만인이 다 아는 사실. 주변의 사람들과 이런 결심을 공유했을 때 돌아오는 말은 한결같이 "필요성은 공감하는데 그만한 자금이 있느냐"는 것이었다. 창간 몇 개월이 지나자 당장 재정적 어려움에 처했고, 교수 월급으로 감당하기에는 참으로 벅찼다. 웬만한 일은 나와 아내가 한다고 해도 인쇄비와 해외발송비 등은 참으로 부담스러운 부분이었다. 하지만 열정을 갖고 시작한 일을 멈출 수는 없었다.

2009년 5월30부터 6월2일까지 한아세안 정상회의가 제주에서 개최되는 기간이었다. 영자 신문의 시너지를 발휘하기 위해서 모멘텀이 필요했고, 아세안 11개 국가의 정상들이 제주로 모이는 그 정상회의가 바로 그 모멘텀이 될 것이라고 판단했다. 수개월 전부터 사무실을 계약하고, 법인을 만들고, 기자들을 섭외하고, 인쇄소를 물색하고, 신문사에 필요한 물품 등을 구입하기 시작했다. 아내마저 창간 시점을 조절하는 게 좋지 않겠냐고 얘기할 정도로 쉽지 않은 과정이었다.

일이 한도 끝도 없었다. 법인을 설립하기 위한 모든 서류들을 직접 작성하고, 등기를 거쳐 등록을 마쳤다. 법무사에 맡기면 많은 비용을 들이지 않고도 짧은 기간에 법인을 설립할 수 있었음에도 도대체 어떠한 서류들이 필요한 지, 어떠한 절차를 거쳐야 하는 지 직접 해보고 싶었다. 여러 차례의 시행착오를 거쳤지만, 충분히 가치 있는 일이었다.

아내는 사무실 분위기를 '사무실 같지 않은 사무실'로 만들었으면 하는 생각을 갖고 있었다. 창의적인 공간이 되어야 할 사무실이 딱딱하고 각진 책상에 높은 칸막이가 있다고 생각하면 숨이 막힌다는 것이었다. 궁리 끝에 모든 가구를 나무로 만들기로 결정했다.

TV 시사토론 진행과 영자신문 창간

집 근처 제재소에 들렀다. 눈에 들어온 것은 3600mm x 1200mm 크기의 뉴질랜드 산 원목 송판이었다. 잘 다듬으면 좋은 책상을 만들 수 있을 것 같다는 생각이 들었다. 다음날 사포 몇 장과 끌, 톱, 손 대패 등을 사가지고 제재소로 다시 갔다. 조금이라도 지출을 아껴볼 생각이었다. 당시 만삭이었던 아내와 함께. 제재소 주인이 한심하다는 듯이 우리 부부를 쳐다봤다.

그도 그럴 것이, 커다란 송판 4개를 가공해서 책상과 책꽂이를 만드는데 자신과 목수가 함께 전기톱, 전기대패, 전기끌 등 전기 장비를 갖추고도 밤낮없이 5일 정도 걸리는데 사포 몇 장에 손톱, 손 대패 등을 들고 간 나와 아내를 보니 한심해서 웃음도 안 나올 수 밖에…

◀ 두꺼운 원목 송판으로 만든 책상에서 작업중인 아내

영자 신문 제주위클리 창간

 나와 아내 그리고 현재 미국 시애틀 신문의 편집장인 마시 밀러, 윤성운 디자인팀장 등 네 사람이 밤낮을 가리지 않고 작업해서 20페이지 전면 컬러 창간호를 만들어 냈다. 제주를 좋아하고 제주에 대해 글을 쓰고 싶은 외국인들을 네트워크해서 프리랜서 자원봉사 기자로 합류시킨 것도 신문이 호평을 받는데 큰 역할을 했다.
 윤팀장은 나의 이런 저런 편집 요구와 며칠 동안 밤샘 작업에도 얼굴 한 번 찌뿌리지 않고 묵묵히 신문 디자인 틀을 잡아주었다. 얼마 전 60호 발간이 되었는데, 제주위클리가 디자인이 좋다는 호평을 듣는 건 윤팀장의 감각과 꼼꼼함 덕분이다.

 인쇄소에 넘겨야하는 당일 새벽까지 마땅한 1면 사진을 찾지 못하고 고민하고 있었다. '읽는 신문'이면서 '보는 신문'을 만들어야 한다는 평소 생각에 따라 커버 사진 크기를 일반 신문보다 크게 쓰는 것을 원칙으로 삼았다. 특히 1면 사진은 페이지의 2/3 이상의 크기로 시선을 사로잡도록 디자인했다. 그것도 독자를 사로잡을 수 있는 사진으로…
 외국 정상들의 방문을 환영하고 준비하는 분위기를 낼 수 있는 사진을 넣고 싶은데 마땅한 사진이 없었다. 하는 수 없이 이른 새벽 한아세안정상회의가 열릴 회의장 주변으로 카메라를 들고 나섰다. 혹시나 하는 마음에서였다. 편집 하느라 밤을 지새운 터라 안전운전을 위해 그날이 예정일이었던 아내를 깨워 길을 나섰다. 회의장 주변을 돌며 여러 컷을 담았지만, 원하는 사진이 나오지 않았

TV 시사토론 진행과 영자신문 창간

다. 그러던 중 이거다 하는 장면을 포착했으니….. 연속해서 수십 컷의 셔터를 눌렀다. 창간호 1면 사진이 만들어지는 순간이었다.

▲제주위클리 창간호 표지

영자 신문 제주위클리 창간

인쇄는 비교적 잘 나왔다. 여러 차례의 확인을 거쳤다. 인쇄소에 직접 가서 한 면 한 면 인쇄될 때마다 컬러의 농도 등을 체크해서 원하는 수준까지 끌어 올렸다. 신문 배포도 직접했다.

공항, 국제회의장, 주요 호텔 등 외국인이 자주 출입하는 곳, 눈에 잘 띄는 곳에 일일이 배포했다. 또 UN을 비롯한 UNESCO, 세계관광기구 등의 주요 국제기구, 외국의 대형 여행사, 환경기구, 주한외국대사관, 제주를 알리고 싶은 여론주도층의 주소를 확보해 외국으로도 우편발송을 시작했다.

인터넷판을 구축하는데도 많은 어려움과 에너지가 소요되었다. 향후 온라인 매체의 중요성을 인식하고 부족하지만 온/오프라인 통합으로 나가야하고, 시간이 지나면 온라인으로 비중을 둬야한다는 생각을 갖고 있었다.

제주에서는 영어로 플랫폼을 제공하는 회사가 없어서 디자인과 레이아웃은 기본이고 화면에 나타나는 단어 하나하나, 아이콘 하나하나를 다 영어로 작업해서 넣고, 검토하고, 재검토해야만 했다. 완성된 플랫폼에 톱기사와 주요기사, 일반기사 등을 선별해서 디자인하고 www.jejuweekly.com으로 웹 출판을 했다.

이렇게 어렵게 시작한 제주위클리는 현재 100여개 국가에 배포되었고, 하루 3만이 넘는 기사 조회가 이루어지고 있다. Google의 뉴스 서비스를 통해 기사가 검색되고, Yahoo와 다음 등 주요 포털 사이트를 통해 기사가 검색되고 있다. 제주위클리 홈페이지를 링크하고 있는 사이트도 수천 개가 넘는다는 통계를 접했다.

TV 시사토론 진행과 영자신문 창간

▲ 제주위클리 홈페이지

영자 신문 제주위클리 창간

국제기구의 주요 인사들이 우리 신문을 통해 관련 정보를 얻는다는 말을 할 때 보람을 느낀다. 제주위클리를 보고 제주에 오게 되었다는 외국인들을 만나면 그렇게 반가울 수가 없다. 지금은 중국어판과 일본어판까지 발행을 시작하여 세 개의 언어로 온오프라인 발행을 하고 있다.

아내는 신문사를 운영하며, 놀라울 정도로 강인함을 발휘했다. 현실감각보다는 이상적이고 문학적, 음악적 감성이 풍부했던 아내가 그 터프하다는 신문사를 경영하며 어려움을 해결해나가는 걸 보면 의아하기도 미안하기도 하다. 아내와 나는 신문이 안정되면 이를 공(公共)에 넘기겠다고 생각했고, 지금도 그 생각에 변함이 없다. '개인'의 신문이 아니라 '제주'의 신문이 되는데 하나의 점을 찍는 역할을 했다면 그것으로도 족하다.

▲ 제주위클리 중국어판과 일본어판 신문

풀브라이트 교수 선정과
세계인명사전 등재

풀브라이트 교수 선정과 세계인명사전 등재

풀브라이트 학자로 플로리다주립대 방문교수 생활

　　풀브라이트 학자로 선정되어 기금을 받는다는 것은 학자로서 영예로운 일이다. 많은 교수들이 풀브라이트 기금을 받기 위해 지원하지만, 소수의 선택된 교수들에게만 그 영예가 주어진다. 한 해 한국에서 20명의 교수가 풀브라이트 연구교수로 선정되어 수혜를 받는다.

　　그 중 10명의 원로교수를 빼고 나면 인문사회계, 이공계, 예체능계 등 모든 분야를 망라해 중진 교수는 10명에 지나지 않는다. 소수의 경쟁력을 갖춘 교수들만이 풀브라이트 학자로 선정되는 영예를 누린다. 풀브라이트 재단은 미국 국무성에서 주관한다. 입국허가와 해외 여행에도 미국 국무부의 허가를 받아야 한다.

　　풀브라이트 면접 때다. 여섯 명의 심사위원이 ㄷ자 모양의 테이블에 앉아 있었다. 5명은 외국인이었고 유일한 한국인 한 명은 풀브

풀브라이트 학자로 플로리다주립대 방문교수 생활

라이트 한국위원회를 총괄하는 한미교육위원단의 단장이었다. 심사위원들은 차례로 질문을 했다. 물론 영어로 면접이 진행되었다.

미국에 가면 어떤 연구를 할 것인가라는 질문에 나는 '한국과 미국의 온라인상에서의 표현의 자유를 비교 연구'할 것이라고 대답했다. 어느 학교로 갈 것이냐는 질문에는, '스탠포드 대학교 로스쿨에 인터넷과 표현의 자유를 연구하는 연구소가 있어서 그곳을 염두에 두고 있고, 컬럼비아대학교 로스쿨에도 유사한 프로그램이 있어서 그곳 역시 후보 중 한 곳'이라고 대답했다.

그러자 심사위원 중에 한 분이 하버드대학교에도 표현의 자유를 연구하는 훌륭한 프로그램이 있는데 그곳에 가는 것이 어떠냐고 질문을 했다. 나는 '나를 풀브라이트 교수로 선정해 주고, 그곳에서 생활할 수 있도록 지원금을 많이 주면 그곳으로 가겠다고 대답했다. 심사위원들이 웃음을 터트렸다. 선정되는 것도 쉽지 않은데 지원금을 많이 달라고 하니 웃음이 날 수밖에. 며칠 뒤 선정되었다는 통보를 받았다.

올해로 교수 생활 10년째이다. 일반적으로 교수들은 5년에서 6년 정도 전임교원으로 근무하면 1년 안식할 수 있는 기회를 갖게 된다. 재충전하는 기회인 것이다. 많은 교수들이 미국과 유럽, 일본, 중국 등의 여러 대학에서 1년의 재충전과 연구의 시간을 보낸다.

나는 지난 1월 미국 플로리다주립대학교에서 방문교수 생활을 시작했다. 풀브라이트 면접 당시 스탠포드대학교나 컬럼비아대학

풀브라이트 교수 선정과 세계인명사전 등재

▲ 플로리다주립대 교수들과. (왼쪽 위부터 시계방향으로) 플로리다주립대 웨인완타 교수, 저널리즘대학 학장 존 라이트, 교수회장 메리 앤 퍼거슨 교수, 텔레커뮤니케이션대학 학과장 데이비드 오스트로프 교수, 브래슈너연구소장 클래이 칼버트 교수

교 로스쿨로 가려고 계획을 했었으나 지난 봄 제주를 방문한 플로리다주립대학교 교수 회장인 퍼거슨(Furgerson) 교수와 역시 그

풀브라이트 학자로 플로리다주립대 방문교수 생활

◀ 플로리다주립대 웨인 완타 교수, 이문정 교수와 딸 메이 리

대학 교수인 이문정 교수의 제안으로 방향을 바꾸게 되었다. 이문정교수는 건국대학교 후배이기도 하다.

플로리다주립대학교는 플로리다주 게인스빌이라는 도시에 자리 잡고 있고, 5만 명이 넘는 학생과 6천 명이 넘는 교수들이 연구하고 있는 규모면에서 미국에서도 최상위에 드는 학교이다. 특히 저널리즘 단과대학은 주요 대학 중 하나로 꼽히며 특히 PR과 관련해서는 최고의 프로그램을 자랑하고 있기도 하다. 또한 로스쿨과 연계된 표현의 자유를 연구하는 유명한 연구소도 있다. 그런 이유로 플로리다주립대학교를 재충전의 기지로 삼기로 결정했다.

텔레커뮤니케이션 학과와 저널리즘 학과의 학과장을 역임하고 있던 데이비드 오스트로프(David Ostroff)가 공식적인 나의 호스트 교수가 되었다. 그는 나를 풀브라이트 교수라고 다른 교수들에게 소개했고, 그들은 나를 환대해주었다.

풀브라이트 교수 선정과 세계인명사전 등재

아내는 나와 같이 미국으로 나갈 수 있는 상황이 아니었다. 외국어 신문사를 경영한다는 것은 엄청난 에너지를 요구한다. 특히 외국어로 신문을 발행한다는 것은 일반 신문 발간에 소요되는 에너지의 세 배 정도, 아니 그 이상이 소요된다. 재정의 문제도 해결해야 하고 10여명의 직원들과도 커뮤니케이션해야 하며, 신문에 실린 내용에 대한 최종 감수까지도 해야 한다. 대표를 대신해 줄 수 있는 사람을 찾는 것도 고려해 봤으나 이 또한 현실성이 떨어졌다. 이러한 상황을 뒤로하고 미국으로 나와 1년을 보낸다는 것은 무책임하고 불가능한 일이었다. 결국 나는 4개월 된 딸 서아와 아내를 남겨두고 혼자 안식년 길에 올랐다.

오스트로프 교수는 나에게 연구실을 제공해줬고, 나는 매일 아침 연구실로 출근하며 연구 활동을 할 수 있었다. 10년 전 유학시절로 다시 돌아간 것 같은 느낌으로 캠퍼스 생활을 즐겼다.

나는 또 올 여름부터 저널리즘 학과장으로 부임해 온 웨인 완타 교수와도 즐거운 시간을 보냈다. 완타 교수는 미주리주립대학교와 텍사스주립대학교를 포함한 최고의 저널리즘스쿨에서 재직하면서 아젠다 세팅(Agenda Setting) 연구로 세계적 명성을 쌓아온 석학이다.

완타 교수는 내가 졸업한 남일리노이에서 처음으로 교수를 시작했었다. 완타 교수의 매력은 학문적 업적이 뛰어난 대가임에도 이웃집 아저씨처럼 편하게 사람들을 대해준다는 것이다. 특히 한국에 대해서는 대단한 호의를 갖고 있고, 한국을 방문했을 때 산

풀브라이트 학자로 플로리다주립대 방문교수 생활

▲플로리다주립대 저널리즘 & 홍보 대학원생들과 함께

낙지를 먹어볼 정도로 한국음식을 좋아한다. 한국의 여러 대학에 완타 교수의 제자들이 교수로 활동하고 있다. 나는 저널리즘 & 커뮤니케이션 단과대학에 재학 중인 40여명의 한국 석박사 대학원생들과도 소중한 교제를 나눴다. 미래가 보장되지 않은 유학생활은 불안할 수밖에 없다. 특히 경제 상황이 좋지 않으면 대학들이 신임 교수 채용을 줄이기 때문에 교수직을 구하기 힘들어진다.

나는 그들에게 유학 선배로서, 그리고 같은 길을 가는 인생 선배로서 제한된 경험이지만 그들과 그 경험을 나누려고 노력했다. 몇몇 졸업생들이 미국에서 교수직을 잡았을 땐 내일처럼 기쁜 마음으로 축하했다.

풀브라이트 교수 선정과 세계인명사전 등재

세상 참 좋아졌다. 아침저녁으로 가족들과 스카이프(Skype)를 이용하여 화상통화를 하며 스크린이지만 얼굴을 마주하며 이야기를 나눴고, 스마트폰 카카오톡으로도 수시로 소통할 수 있었다. 페이스북과 트위터로는 지인들과 근황을 나눴다. 중요한 것은 이러한 대부분의 커뮤니케이션이 무료이거나 아주 저렴한 비용으로 가능했다는 것이다. 소셜 미디어 시대의 혜택을 톡톡히 본 것이다. 미래의 커뮤니케이션을 강의하면서 그렸던 그런 방식으로 커뮤니케이션을 할 수 있었다. '안식년이 이래서 필요하구나' 하는 생각을 갖게 됐다.

미국에 있는 동안 나는 여행도 좀 하고, 컨퍼런스에도 참석했다. 지난 8월 미주리주에 있는 세인트루이스(St. Louis)에서 개최된 미국언론학회(AEJMC)와 마이애미에서 열린 국제PR학회에도 참석했다. 연구의 국제적 흐름을 읽을 수 있었고, 많은 외국 교수들과도 만날 수 있었다.

▶ 미국 언론학회에서 인디애나대 제임스 캘리(우) 윌키스대 로렌 루이스 교수와 함께

풀브라이트 학자로 플로리다주립대 방문교수 생활

특히 AEJMC에서는 남일리노이대학교에서 수업을 들었던 교수들과 오랜만에 만날 수 있었다. 지금은 인디애나대학교에 있는 존 캘리 교수, 텍사스주립대학에 재직하고 있는 톰 존슨 등 반가운 얼굴들을 만났다. 특히 올 해 AEJMC 회장으로 취임한 오래곤주립대학교의 염규호 교수 내외와도 짧지만 소중한 시간을 보냈다.

염규호 교수는 단순한 동료 교수가 아니라 학자로서 내가 닮고 싶은 진지하면서 유능한 학자이다. 또한 내가 멘토로 삼은 교수이기도 하다. 그는 한국에서 대학을 졸업하고 군복무까지 마친 뒤 유학을 가서 언론법 분야의 세계적인 석학이 되었다. 또한 가장 크고 권위 있는 미국언론학회 회장을 역임하고 있다.

◀ 오래곤주립대학교 염규호 교수 내외와 함께 미주리주 세인트루이스에서

풀브라이트 교수 선정과 세계인명사전 등재

안식년 때도 예일대학교 로스쿨에서 단기 석사과정을 수료할 정도로 열정을 갖고 연구를 계속하고 있는 그야말로 귀감이 되는 존재이다. 특히 학부와 대학원 석사, 박사 과정을 나와 같은 대학을 다녔고 세부전공분야도 비슷해서 염규호 교수의 존재와 업적은 나에게 굉장한 자부심과 긍지가 되면서도 동시에 그 그늘로부터 벗어날 수 없는 중압감이기도 하다.

풀브라이트 학자로 미국에 머물렀던 시간은 자신을 다시 되돌아보고, 다시 미래로 나침판의 방향을 잡고 재충전할 수 있는 소중한 시간이었다.

세계인명사전 등재

세계인명사전 등재

마르퀴즈 Who's Who 세계인명사전에 등재된다는 것은 학자로서 더 없는 영광이다. 한 분야에 전문가로서 세계적으로 인정받는다는 것을 의미하기 때문이다. 유능한 동료 교수들이 인명사전에 등재될 때 부러운 눈길로 바라보곤 했다.

지난 5월 마르퀴즈 Who's Who 세계인명사전 편집장으로부터 이메일을 받았다. 내가 2012년 인명사전에 등재될 후보로 선정되었다는 내용이었다. 날아갈 듯한 기분이었다. 나는 그곳에서 요구하는 절차를 따르고, 최종 검증을 거쳐 2012년 판 인명사전에 등재되었다.

사실, 세계적으로 인정받는 권위 있는 학자들의 이름과 내 이름이 같은 인명사전에 등재되어 많은 나라로 배포되고 또 검색이 된다는 것은 분명 자랑스러운 일이지만 아직까지는 과분하다는 생각을 갖고 있다. 지금까지 내가 해온 연구들이 세계적인 권위를 갖고 있는 인명사전이 인정할 정도일까? 스스로 질문해 보

풀브라이트 교수 선정과 세계인명사전 등재

▲ 세계인명사전 who's who in the world 페이지에 등재된 내용

면 아직 많이 모자라기 때문이다. 미국 버락 오바마 대통령이 취임한 지 2년째 노벨평화상을 수상하면서 한 말이 기억난다. "세계의 평화에 기여한 것보다 앞으로 더 기여를 하라는 격려의 의

미로 받아들인다." 세계평화를 위해 실제 기여한 것은 아직 미미하지만, 미래에 더 큰 기여를 하라는 의미로 노벨상을 자신에게 준 것이라고 수상의 의미를 해석한 것이다. 나 역시 앞으로 다양한 활동을 통해 사회에 대한 기여와 학문의 발전에 더 기여하라는 의미로 세계인명사전 등재의 의미를 해석한다.

인명사전에 등재된 약력과 이력은 아래와 같다.

현재 약력 : 김 경호, 언론학 교수; 전남 여수시 출생, 1966년 8월 28일생; 남일리노이대학교 2001년 박사졸업, 2002년 임용 제주대학교 부교수; 언론홍보학과장; 제주MBC 토론프로그램 진행자 2006-2007; 제주위클리 편집인 2009-2011; 플로리다주립대학교 방문교수, 2011년; 풀브라이트 교수; 제주경찰청 인권위원, 한국방송학회 이사; 한국언론학회 이사, 한국언론법학회 총무이사, 2006-2007; 언론정보학회 회원; 취미 낚시, 등산, 골프

내 분신을 먼저 보내고

내 분신을 먼저 보내고

두라를 가슴에 묻다

2009년 5월 27일 '두라'를 가슴에 묻었다.

결혼한 지 13년 만에 어렵게 갖게 된 딸 두라. 그런 두라가 세상에 태어나서 엄마의 따뜻한 품에 안겨보지도 못하고, 호흡도 한 번 못한 채 엄마 아빠와 영원한 이별을 했다. 나는 두라를 세상에서 가장 아름다운 곳에 뿌렸고, 두라는 지금도 내 가슴 속에 영원한 생명으로 숨쉬고 있다.

'두라'라는 이름은 집에서 기르던 강아지에게 붙여준 이름이다. 백두산의 '두'(頭) 자, 한라산의 '라'(羅)자를 따서 지은 이름이다. 그 이름을 긴 시간을 기다려 곧 태어날 딸에게 붙여주고자 했다. 아내는 강아지에게 지어준 이름을 어떻게 딸 이름으로 사용할 수 있냐고 반대했지만 더 좋은 이름이 생각나지 않았다. 두라는 엄마 배속에서 너무도 건강하게 자랐다. 산모가 36살의 초산이었음에도 모든 것이 지극히 정상이었다. 담당의사가 이팔청춘이라고 할 정도로 산모는 건강했고 태아의 건강도 양호했다.

두라를 가슴에 묻다

　5월 출산이 가까워 오면서 아파트 옆 공터에 조그마한 텃밭을 일궜다. 쪼그리고 앉아서 밭일을 하면 출산이 쉬워진다는 어머니 말씀을 따른 것이었다. 출산을 뒷바라지하기 위해 오신 어머니와 아내가 틈나는 데로 텃밭에서 가지, 오이, 상치, 호박, 쑥갓 등을 심었다. 기껏해야 다섯 평 남짓한 공토를 개간한 텃밭이었다. 농사에 선수인 어머니에게 농사라고 말하기도 민망한 수준이었다.

　어머니는 농사에 이골이 나셨다. 지금은 아파트 근처 야산을 일궈 온 식구들이 일 년 내내 걱정 않고 먹을 수 있는 온갖 채소를 가꾸신다. 매실과 대봉, 무화과 등의 과일나무도 심어 심심치 않게 열매를 수확하셨다. 어머니는 아내가 밭순이를 출산하게 하실 요량이었다.

　두라는 태어나기 전부터 많은 축복을 받았다. 주변의 몇몇 지인들이 예정일 두 달여를 앞두고 '베이비 샤워'를 해줬다. 베이비를 샤워하는 것이 아니라 예비엄마를 위한 미국에서 생겨난 파티로, 친구들이나 지인들이 태어날 아이의 출산 및 양육을 위해 필요한 것들을 선물로 주는 행사이다. 예쁜 옷과 인형, 유모차, 젖병 등 아이가 태어나면 필요한 귀한 선물들을 많이 받았다. 아내도 무척 행복해하는 순간이었다.
　예정일을 며칠 넘겼다. 그러나 산모와 태아의 건강은 여전히 좋았다. 5월26일 아내는 출산을 위해 입원했다. 담당의사는 자궁이

내 분신을 먼저 보내고

완제인 일명 '페사리'를 삽입하고 다음날 아침까지 경과가 없으면 촉진제를 투여하자고 했다. 새벽 12시 반 간호사가 페사리를 투입했다. 그때까지 산모와 태아의 상태는 아주 양호했다.

새벽 3시경. 병원에서 아내를 돌보던 어머니가 다급한 목소리로 전화를 했다. "애가 너무너무 힘들어 한다. 빨리 와봐야 할 것 같다."는 것이었다. 그때 나는 신문사와 연구실을 오가고 있었다. 한아세안 정상회의에 맞춰 영자신문 제주위클리의 창간을 준비하고 있었기 때문이다. 새벽이라 병원까지 가는데 10여분도 채 걸리지 않았다. 산모 대기실에 도착해보니 아내는 호흡을 제대로 하지 못할 정도로 심각한 상태에 있었다. 어머님과 간호사가 호흡을 유도하고 있었지만, 여전히 아내는 감내하기 어려울 정도의 고통 속에 방치되어 있었다.

심박동 장치는 이미 경보음을 발산하고 있었고, 경고등이 켜져 있었다. 150이 정상인데, 이미 50-70까지도 내려갔다. 나는 아내의 목을 껴안고 호흡을 시작했다. 아내는 조금 진정되었지만, 이내 고통이 다시 시작되어 호흡이 어려웠다. 의사는 보이지 않았고, 간호사는 안절부절 못했다. 의사는 도대체 언제 오느냐는 내 질문에 "금방 올 거예요."라고만 답한 체 문제해결 방법을 찾지 못했다. 이미 출혈이 생겼고, 상태는 호전되지 않았다. 그렇게 한 시간이 지났다. 아내의 말로는 새벽 한 시부터 시작된 진통이 삼십 분 정도가 지나고부터는 정신을 차릴 수 없을 정도로 급박해졌다고 했다.

의사는 새벽 4시가 넘어서야 도착했다. 수술을 하지 않으면 안 되는 상황이었다. 수술준비를 하는데 또 20여분이 소요됐다. 태아의 심박은 더 낮아져 경고등과 경고음이 계속 울리고 있었다. 산모는 호흡기에 의지하고 있었고, 의식을 잃어가고 있었다.

수술을 위해 산모를 대기실에서 옮기려는 순간, 의사는 수술을 할 상황이 아니라고 판단했는지 산모를 분만실로 이동했다. 아내는 들어간 지 몇 분 만에 아이를 분만했다. 나는 분만실 밖에서 그 상황을 지켜보고 있었다.

그런데 아이의 울음소리가 들리지 않았다. 아내의 신음소리만 들릴 뿐… 한참을 초조하게 기다렸다. 내 인생에 있어서 가장 긴 시간이었다. 5시 45분경 담당 의사가 나왔다. 태어나면서부터 호흡이 없었고 심폐소생술을 시도했으나 반응이 없어서 중지하겠다는 것이다. 나는 무슨 얘기인지 잘 몰랐다. 뭔가 잘못되었다는 건 감지했지만 소생술을 멈추겠다고 하는 것이 뭔지 얼른 이해할 수가 없었다.

아내의 고통스러운 신음은 계속되고 있었다. 얼떨결에 그렇게 하자고 답을 했다. 아내는 출혈이 심해 이미 상당량의 피를 흘리고 있었고, 수혈을 받지 않으면 위험한 상황에 이르렀다. 의식이 희미한 상태에서 아내는 급히 수술실로 옮겨졌다. 두 시간 여 만에 출혈은 멈췄고 최악의 상황은 면했다. 불과 몇 시간 만에 눈앞에 벌어진 일이었다. 어머니는 큰 충격을 받아 간신히 버티고 있었다. 나는 어떻게든 중심을 잡고 이성적으로 판단하려고 애썼다.

내 분신을 먼저 보내고

딸과 아내 어머니를 모두 잃을 수도 있을 것 같았기 때문이다.

아내를 병실로 옮기고 난 뒤, 그때서야 아이를 봐야겠구나 하는 생각이 들었다. 혼자 신생아실로 발걸음을 옮겼다. 그때도 나는 우리 두라가 인큐베이터에서 호흡하며 아빠를 맞아주기를 간절히 소망했다.

그러나 두라는 하얀 천으로 싸여 있었다. 나는 두라를 품에 안았다. 내 뺨을 두라의 볼에 갖다 댔다. 아직 온기가 있었다.

나는 두라의 손가락 하나하나, 발가락 하나하나 확인하며 어루만졌다. 평온한 천사의 모습이었다. 하나님이 원망스러웠다. 왜 이런 시련을 내게 주시는지… 생명을 지켜주지 못한 아빠의 무능, 단 몇 분, 몇 초라도 소생술을 더 해보자고 우겨보지 못했던 내 자신이 너무너무 원망스러웠다. 두라를 안고 얼굴을 부비며 한참을 울었다. 목 놓아 울었다. 참으로 아팠다. 살려고 얼마나 발버둥쳤을까. 조금만 더 빨리 손을 썼다면 다른 아가처럼 따뜻한 엄마 품에 안길 수 있었을텐데… 이 세상에 나와서 단 한 번의 호흡조차도 해보지 못하고…

아무것도 모르는 아내는 의식을 회복하자마자 아이를 빨리 보여 달라고 조르기 시작했다. 나는 두라가 나오면서 너무 고생을 해 인큐베이터에서 치료를 받고 있어 데려올 수가 없는 상황이라고 거짓말을 했다. 그러자 아내는 먼발치에서라도 보고 싶으니 자기를 데려다 달라고 했다. 그것도 여의치 않다고 했더니, 인큐베이터에 누워있는 아가 사진이라도 찍어오라고 애원했다. 옆 병실에서는 아이를 출산한 다른 산모들의 행복한 웃음소리가 들렸고 신생아들의 울음소리에 묻혀 아내는 밤새도록 눈물의 기도를 하고 있었다.

수혈과 눈물로 아내의 얼굴은 형상을 알아볼 수 없을 정도로 부어 있었다. 이틀 뒤에도 두라를 데려오지 않자 아내는 "우리 아가 호흡은 하고 있는 거지?" 재차 삼차 물었다. 사흘째 나는 더이상 거짓말을 할 수가 없었다. 아내도 뭔가 눈치를 챈 것 같았다. 단지 그 사실을 받아들일 수가 없어 차마 먼저 말을 꺼내지 못하고 있었다.

아내는 두라를 보고 싶어했다. 나는 아내가 두라를 보면 더 견디기 힘들 것 같아 보여주지 않으려고 했다. 하지만 아이를 한 번만 꼭 보게 해달라는 아내로서의, 엄마로서의 애원을 차마 뿌리칠 수가 없었다. 차가운 냉동실을 나와 화장터로 가는 길에 두라를 보게 했다. 아내는 예쁜 아기이불에 쌓인 두라를 꼭 안았다.

"미안해. 사랑해. 미안해. 사랑해. 미안해. 사랑해."

이 두 마디만 주문처럼 되풀이했다. 아내의 눈물이 아가의 볼에 떨어졌다. 아내는 두라를 보내려 하지 않았다.

양지공원에 도착한지 세 시간 만에 두라는 한줌의 재로 내게 돌아왔다. 나는 세상에서 가장 아름다운 곳, 바다가 보이고 새와 나비와 들꽃이 있는 그곳으로 두라를 돌려보냈다. 그동안 아가에게 쓴 아내의 편지와 함께. 고 노무현 대통령 장례식이 있던 바로 그날…

내 분신을 먼저 보내고

회복 그리고 가슴으로 낳은 내 딸 서아

공교롭게도 영어신문 창간일은 우리 두라가 이 세상을 떠난 날이다.

아내는 분만을 위해 병원에 입원하기 전 쓴 발간사에서 창간 소감을 "두 아이를 낳는 심정"이라고 표현했다. 신문도 한 생명을 잉태해서 낳는 과정과 흡사하다고 생각했던 것이다.

그래서였을까?

아내는 몸과 마음이 회복될 여유도 없이 바로 신문 만드는 일에 매달렸다. 정확하게 말하자면 매달릴 수 밖에 없는 상황이었다. 또 한 명의 아이를 잃을 수 없다는 이유도 있었겠지만, 나와 아내가 기획부터 배포까지 거의 모든 일을 도맡아 할 수 밖에 없는 게 현실이었다. 그렇게 신문은 2호, 3호, 4호가 나오고 있었다. 시간이 흘러 여름이 지나고 가을이 왔다.

아내는 힘겹게 버텨내고 있었다. 나 또한 학교와 신문사를 오가며 정신없는 나날들을 보내면서도 두라를 떠나 보낸 아픔을 견뎌

내기란 쉽지 않았다. 아내는 일할 땐 아무 일도 없는 것처럼 멀쩡해보였다. 하지만 예측할 수 없는 순간과 장소에서 서러운 눈물을 쏟아내곤 했다. 운전을 하다가, 일을 마치고 집에 들어서면서, 혹은 밥을 먹다가…. 그렇게 아내는 슬픔을 치유하고 있었던 것이다.

의미 없는 고통은 없다는 말은 진실이다. 나는 한 생명이 얼마만큼 소중한 존재여야 하는지에 대한 깨달음을 얻었다. 유독 아이를 좋아했던 나에게 이런 아픔을 주는 건 분명 의미가 있을 거란 생각을 갖게 되었다. 언젠가 아내가 이런 말을 내게 한 적이 있다.

"잡초도 뽑지 못하겠어요. 이것도 생명인데"

딸 서아를 가슴으로 낳았다. 그리고 지난 11월 서아는 한 돌을 맞았다. 베풀 '서' 맑을 '아' 내가 지어준 이름이다. 베풀며 맑게 살았으면 하는 마음이 간절하다. '콩심이'라는 애칭으로 부르기도 한다. 눈코입이 마치 콩처럼 작지만 오목조목 빚어져 있는 것 같아 할머니가 붙여준 별명이다.

할머니, 할아버지, 엄마, 아빠, 그리고 주변의 넘치는 사랑 덕분인지 지금껏 아프지 않고 잘 자라주어 고맙기만 하다. 윙크하는 모습도, 웃는 모습도, 일어서려고 용쓰는 모습도 보고만 있어도 아까울 지경이다.

미래에 대한 단상

백년지대계 교육!
패러다임부터 바꿔야

교육정책 디자인

　미래학자 엘빈 토플러는 "한국이 세계를 이끌려면 교육시스템을 바꿔야" 한다고 고언한 바 있다. 현재의 패러다임을 바꾸지 않고서는 한국의 교육이 경쟁력을 갖출 수 없을 뿐만 아니라 미래를 기대할 수 없다는 점을 지적한 것이다.
　획일적인 주입식, 암기식, 입시교육에서 탈피해 학생들의 인성과 창의성을 길러주는 참교육으로 패러다임의 변화가 절대적으로 요구된다는 데는 이견의 여지가 없다.
　안타깝게도 공교육이 학생들과 학부모의 기대치를 충족시켜주지 못하고 있고, 그렇다고 중고교 시절에 필요한 인성교육이나 사람됨을 가르치는데 성공적인 것도 아니다. 그러다보니 더 많은 관심이 사교육에 집중되고 자연스레 만만치 않은 비용이 소요된다. 정부가 어떻게 해서든 사교육을 바로잡아보려고 노력했지만, 성공하지 못했다. 매번 다른 정책을 내놓을 때마다 이를 비웃기라도 하듯이 새로운 형태의 사교육이 오히려 더 번창했다.

공교육을 제자리에 놓기 위한 집중 노력과 투자가 부족하다보니 결국 이러한 공교육의 위기에 봉착하게 되었다고 본다. 현재 GDP의 3% 미만에 머무르고 있는 국가의 교육예산을 6%까지 끌어올려야 한다. 대한민국이 비록 국토는 좁고 자원은 부족하지만 세계적으로 가장 우수한 인재들로 넘쳐나는 나라로 만들어야 한다. 교육에 대한 투자를 과감히 늘려 훌륭한 인적자원을 길러내는 것이 대한민국의 미래 국가경쟁력을 기르는 유일한 길이다.

지난 대통령선거 때 나는 우리나라 미래 교육정책을 만드는 정책팀에 참여한 적이 있다. 정책팀 간사로 교수들의 의견을 조율하면서 교육의 큰 그림을 고민했다. 현재 한 대학의 입학사정관으로 교육의 일선에 종사하고 있는 한 교육전문가가 준비한 안을 두고 여러 교수들의 전문가적 식견을 추가하여 교육 정책을 정립했었다.

비록 대선에서 패배해 그 정책이 국가의 교육정책으로 받아들여지지는 않았지만 한국 교육의 경쟁력을 높이고, 인성교육을 완성시키는 교육 정책에 대해 심도 있게 고민하고 나름대로 밑그림을 그릴 수 있었다. 주된 내용은 취학전 교육(유치원), 중고교 교육, 대학교육, 평생교육 등으로 크게 네 부분으로 구분되어 있다. 특히 학생들의 부담을 줄이면서도 대학 수학능력을 평가할 수 있도록 현재의 수능 방식을 개선하는 안도 포함하고 있다.

취학전 교육과 관련된 정책은 4세-6세 유치원 과정을 전면 무상으로 교육하는 것이다. 유치원 연령기 아이들은 모든 것을 감수성 있게 배우고 학습하는 나이이며, 학교 교육의 바탕이 되는 기본 교육을 배우기 시작한다. 이 시기의 교육은 모든 아이들이 평등하게 교육을 받을 수 있어야 한다.

취학 이전의 유치원 교육을 공교육 편재에 포함시켜 이를 국가가 책임져야 한다. 유치원의 무상교육은 저출산 문제와도 밀접한 관계가 있는 이슈이다. 영유아 보육과 교육에 드는 비용이 만만치 않아 자녀 출산을 꺼린다는 것은 이미 확인된 사실이다. 아이를 낳지 않는 나라의 국가 경쟁력은 상실될 수밖에 없다. 아이 교육비를 국가가 부담함으로써 교육비 부담으로 인해 출산을 꺼리는 것을 막아야 한다.

대학 입시와 관련해서도 다듬어진 정책을 제시한 바 있다. 고등학교 내신기록 중심의 선발전형 확대, 입학사정관제 대폭 확대,

특목고 변칙 우대 금지, 교육이력철의 제도화, 대학본고사에 준하는 논술고사 폐지, 방과후학교의 다양화 및 지원 확대 등이다.

정책을 마련한 것이 4년 전이기 때문에 어떤 정책은 시의성이 다소 감소되었을 수 있다. 하지만, 일부는 현 정부의 정책으로 추진되고 있고, 어떤 것들은 여전히 풀어야 할 문제로 남아있는 것을 보면, 전체적으로 맥을 제대로 잡았던 정책들이라고 할 수 있다.

수능과 관련해서는 나는 두 번의 수능을 치르게 하자고 주장했고, 지금도 같은 생각이다. 모든 고등학교 교육이 수능 위주로 되어 있다고 해도 과언을 아닐 것이다. 수능을 잘 쳐야 자신이 원하는 대학에 들어갈 수 있기 때문에 일선 학교의 커리큘럼이 여기에 맞춰져 있는 것은 어쩌면 자연스러운 일일 것이다.

학생들은 짧게는 고등학교 3년, 길게는 중학교 3년을 더한 6년을 수능에 '올인'하고 있다. 학교 수업이 끝나면 11시가 넘은 한밤에 학원에 가서 새벽 1~2시까지 과외 공부를 하는 학생들도 다반사이다.

매년 1만 명이 넘는 재수생들이 일 년을 꼬박 수능을 위해 청춘을 바친다. 가히 수능 천국이다. 그런데 수능을 치르는 날 컨디션이라도 나쁘다면 모든 것이 수포로 돌아간다. 수능 준비를 위해 또 1년을 고통스럽게 준비해야 한다. 종종 성적을 망친 학생이 자살하는 경우도 발생한다.

나는 단 한 번의 시험으로 수년을 준비한 능력을 테스트하기 어렵다고 본다. 한 번이 아니라 최소한 두 번의 수능을 치르게 해서 그 중 가장 나은 점수를 활용할 수 있도록 신중히 검토해볼 필요가 있다. 6월과 9월 모의수능과 11월에 본 수능을 치르고 있는데, 모의 수능 중 1회를 본수능화 하여 모두 두 번의 본 수능을 치르게 하고, 나은 점수를 대학에 제출하도록 하면 된다. 그렇게 되면 학생들은 단 한 번의 기회에 모든 것을 걸어야 하는 극단적 상황에서 탈피하여 자신의 능력을 제대로 평가받을 수 있는 기회를 갖게 된다.

학생들은 저마다 특징을 지니고 있다. 그 특징을 지속적 키울 수 있는 교육이 이루어져야 한다. 다방면의 다양한 차이를 인정하는 교육제도가 반드시 필요하다. 아이들을 성적으로 심판하는 식의 대입제도를 개혁해야 하고, 대학입시의 예속으로부터 상대적 독립성을 가진 '교육단위'를 만들어 가는 일에 집중해야 한다.

대학의 경쟁력을 높이는 일 또한 중요한 교육 의제이다. 대학 서열화 및 학벌사회화 완화, 국립대학간 공동 학위제, 국립대학간 학생전학 제도화, 지역 인재 목표제 추진, 지역인재 추천 채용제 등 확대 등을 제시했다. 이를 법제도적으로 뒷받침하기 위해 가칭 「학벌차별금지법」 제정과 '능력 중심 인재채용'을 유도하는 사회문화캠페인의 필요성을 강조했다.

평생교육 역시 국가가 담당해야 할 교육 복지의 중요한 사안이다. 특히 우리 사회가 지식기반사회, 고령사회로 접어들면서 그 중요성은 더욱 강조되고 있다.

4년 전 제안했던 정책이지만 지금도 유효한 정책으로는 평생학습도시 및 평생학습공동체에 대한 행정적·재정적 지원 확대, 평생교육 소외 계층 지원을 위한 국가적 추진체제 구축, 기업의 사내 평생교육체제 지원의 확대, 평생고등교육기회 제공으로 국립대학의 공공성 강화 등이다. 말 그대로 사회 구성원이 다양한 영역의 평생교육을 받을 수 있도록 시스템을 구축하고 그에 따른 지원과 투자를 아끼지 말아야 한다.

지방 교육 어떻게 할 것인가?

우리 여수의 인적자원은 대단히 우수하다. 학부모들의 교육열도 타 도시에 비해 뒤지지 않는다. 교육환경도 그리 나쁘지 않다. 그런데 교육에 대한 만족도는 그리 높은 것 같지 않다. 여수의 미래 교육에 대한 리더들의 진지한 고민이 부족했고 이를 개선하고자 하는 노력이 피상적 수준에 머물렀던 데 그 원인이 있지 않나 생각된다.

우리 아이들은 무한 경쟁의 시대에 놓여 있다. 같은 반, 같은 학교, 같은 지역에서만 경쟁하는 시대가 끝난 지 이미 오래다. 혼자서 어렵게 공부해서 성공하는 경우도 이제 옛날이야기가 되었다. 어떻게 해서든 우리 아이들이 안정된 환경에서 교육받고 자신이 원하는 좋은 대학에 진학할 수 있도록 여건을 만들어줘야 한다. 장성고와 같은 곳에서 우리 인재들을 흡수해 가는 것은 분명 우리에게 문제가 있다는 반증이라고 본다.

아이들의 교육은 우리 지역 공동의 문제이다. 가정과 학교에만 맡겨두고 좋은 인재들을 길러내기를 기대해서는 안 된다. 시스템의 변화가 필요하면 그것을 바꿔야 한다. 지역의 힘만으로 부족하면 외부의 힘을 빌어서라도 인재들을 교육할 수 있는 시스템을 만들어야 한다. 필요하다면, 지역출신 교육감을 만들어서라도 제대로 된 교육 체계를 만들어야 한다.

충북 음성에 가면 반기문 유엔사무총장에 대한 지역의 기대와 자부심은 대단하다. 반 총장과 별 관계가 없는 사람들도 세계적인 인재를 배출한 도시에 살고 있다는 사실에 자부심과 긍지를 갖고 있다. 여수에서도 제2, 제3의 반기문이 나오게 만들 수 있다. 또 그렇게 해야 한다. 인재들을 교육할 수 있는 제대로 된 교육 시스템에 대한 지역 리더들의 진지한 고민과 노력을 통해 아이들에게 희망을 심어줘야 하고 제대로된 교육환경을 제공해야 한다. 그들이 우리 나라와 우리 지역사회의 큰 희망이기 때문이다.

특목고 설립이 답인가?

얼마 전, 서울에서 가장 좋다는 외국어고등학교를 졸업하고 미국에서 유학을 하고 있는 학생과 그 부모들과 대화를 할 기회가 있었다. 나는 그 아이가 잘나가는 외국어 고등학교 덕택에 우수한 사립대학에서 장학금을 받으면서 학교를 다닌다고 생각했었다. 그러나 그 아이와 부모들의 대답은 의외였다.

학교 낮 정규 교과시간에는 졸고 있는 아이들이 태반이고, 밤에 이루어지는 특별 수업은 학교에서 따로 고용한 교사의 지도를 받는데, 그 수업에 대한 수업료는 고스란히 학부모의 몫이라고 했다. 그러면서 그 학생은 외고에서 얻은 것이라고는 '우수한 친구들과 잘 나가는 동문들' 그 밖에는 아무 것도 없다고 했다. 말하자면, 외고에서 잘 가르치고 잘 배워서 좋은 대학에 진학한 것이 아니라는 대답이었다. 자녀를 특목고에 보낸 부모 중에는 이 학생의 말에 고개를 끄덕일 사람도 많을 것이다.

다른 예도 있다. 내가 안식년을 보낸 플로리다주립대학교에서 만난 여수 후배의 친형 얘기이다. 여수에서 고등학교를 졸업하고 서울대와 예일대를 거쳐, 하버드대에서 박사를 받고 텍사스주립대학에서 교수를 하고 있다. 이제 30대 후반이다. 두말이 필요 없는 최고의 인재 아니겠는가? 근데, 그 젊은 교수가 우리 여수의 일반계 고등학교 출신이다.

　두 사례의 공통점은 물론 본인들의 노력이다. 특목고든 일반고든 상관하지 않고 끊임없는 스스로 노력하며 목표를 향해 정진하면 목적한 바를 성취할 수 있다는 것이다. 수학능력시험과 의학전문대학원/치대, 로스쿨 입학시험을 출제하면서 내가 만난 많은 교육 전문가들도 이점에서 의견의 일치를 이룬다.

　나는 우선 특수고가 입시만을 위한 학교가 아니라 설립목적에 맞는 특수 교육을 담당하는 학교이기를 희망한다. 과학에 능한, 외국어에 능한, 예술에 뛰어난 그러면서도 훌륭한 인재를 키우는 그런 학교이기를 기대한다. 그러나 현실은 이상과 괴리가 있다. 좋은 대학진학을 위한 특수한 목적을 지닌 학교처럼 변질되어 있다. 설상가상으로 한정된 상위권 학생들을 제외한 많은 학생들이 대학 진학에 있어서 특목고의 혜택을 받지 못하기도 한다.

　해마다 적지 않은 우수한 학생들이 외고나 과학고와 같은 특목고 진학을 위해 외지로 나간다. 질 높은 교육을 받을 수 있다는 기대를 갖고 진학하지만, 학생들은 학생들대로 부모들은 부모들대로 애로사항이 많다. 학생들은 낯 설은 환경에 대한 부적응의 문제를 안고 있고, 이는 좋은 성적을 내는데 걸림돌로 작용한다. 학부모들 역시 품 밖의 자녀들에 대한 걱정으로부터 벗어나기 어렵고, 교육비의 추가 소요로 인한 경제적 고통을 감내하고 있다.

그렇다면 해답은 분명하다.

여수의 인재를 여수에서 교육할 수 있는 그런 학교 시스템을 만드는 것이다. 반드시 특목고이어야만 하는 것은 아니다. 일반계 고등학교인데도 재단의 투자와 학부모들의 열의, 학생들의 자발성 등이 어우러져 대단히 우수한 학교로 발전한 사례들이 있다. 공단을 끼고 있는 장점도 활용해야 한다.

과감한 투자를 통해 질 높은 교육 여건을 조성하고 장학금을 지급하며, 맞춤 교육을 시행한다면 외지의 학교로 가라고 해도 가려하지 않을 것이다. 필요하다면 기숙사도 지어서 학생들의 편의를 도모해주면 된다.

내가 꿈꾸는 나라

5無공화국

　언론학을 전공하는 사람으로서 매일매일 아침저녁으로 뉴스를 접하면서 질색하는 것이 있다. 언론 매체에 실린 기사들이 너무 한쪽으로 몰려 있다는 것이다. 일종의 선정주의랄까, 대부분의 기사들은 짜릿하고 파격적인 경향을 보인다.
　제목부터가 그렇다. 좀 더 이면을 들여다 보면, 독자들도 폭로적인 기사들을 더 선호하는 것 같다. 아름다운 뉴스, 좋은 소식보다 사건 사고 뉴스, 나쁜 소식이 주류를 이룬다. TV와 신문을 보기조차 겁난다.
　선거철이라도 되면 기사는 가십과 스캔들로 넘쳐 난다. 인터넷 매체들은 원색적인 제목 붙이기 경쟁을 하는 형국이다. 언제쯤이면 우리 언론매체들이 발전적인 담론, 훈훈한 이야기로 장식될까?

뉴스를 접하면서 우리나라의 장래를 생각해 본다. 우리나라는 어떤 나라가 되어야 할까? 어떻게 해야 내가 꿈꾸는 나라가 될 수 있을까? 내가 꿈꾸는 나라는 어떤 모습인가?

가까운 친구 한명이 그의 블로그에 이런 글을 올렸다.

"내가 바라는 정치 공약이란 그렇게 복잡하지 않다. '다섯 가지가 없는 나라' [5無공화국]이다. 스캔들(scandal)이 없는 나라, 폭력(violence)이 없는 나라, 사고(accident)가 없는 나라, 빚(debt)이 없는 나라, 불우이웃(the miserable)이 없는 나라가 그것이다."

국정 현안을 직접 다루지 않지만 여러 가지 함의를 담고 있는 핵심어라고 생각한다. 있어도 시원찮은 판국에 없어야 된다니?
불확정성의 원리가 지배하는 우리네 삶[현존재]은 어느 한 순간 순간을 짚어내기가 어렵다.

철학자 아도르노는 '부정의 변증법'을 논하였지만 실제 우리에게 아주 친숙한 개념들 예컨대 정치, 행복, 사랑 등의 용어는 한 마디로 정의를 내리기가 곤란하다. 국가관도 마찬가지이다. 국가가 정부인지, 국가 속에 사회가 있는지, 아니면 사회 속에 국가가 있는지 여전히 다툼의 대상이 된다. 이런 상황에서 어떤 나라를 만들어야 하겠다는 담론은 끝 간 데를 모르기 쉽다. 이쯤해서 친구의 이야기를 좀 더 들어보자.

연예인들은 스캔들을 먹고 살지만 정치인, 관료, 기업가들에게는 스캔들이 쥐약이다. 뇌물은 스캔들 레스토랑의 단골 메뉴이다. 공천, 인사, 선거 그리고 규제 방식들을 바꾸지 않으면 하이에나들이 즐거워할 스캔들은 그치지 않을 것이다.

폭력은 야누스의 얼굴을 지닌다. 사람을 패면서 "너를 위해서 때린다"는 조폭의 논리처럼 일상에는 위장된 폭력들이 횡행한다. 시장에 대한 정부의 과도한 개입이나 공동체를 짓누르는 시장의 지배도 폭력이다. 자의적인 인신구속도 폭력이다.

사고는 인재이건 천재이건, 물리적이건 기술적이건 간에 집단과 개인에게 극심한 불행과 재산손실을 초래한다. 사회가 복잡해지고 기술이 편리해질수록 사고가 늘어나고 대형화된다. 지속발전을 저해하는 안전 불감증은 도처에 널려 있다.

그리스나 미국의 재정형편을 보면 한 국가의 빚은 자국뿐만 아니라 주변 국가들을 괴롭히고 나아가 미래세대까지 괴롭힘을 알 수 있다. 개인들도 그렇다. 정교하지 못한 부동산 및 금융시장 정책으로 중산층이 몰락하고 빚더미 위에 앉았다.

"가난은 나라도 구제하지 못한다." 극빈자만이 불우이웃이 아니다. 고아, 미혼모, 장애인, 한부모가정, 독거노인이 모두 불우이웃이다. 불우이웃은 먼 데 친척보다 가까운 이웃[공동체]이 돌본다. 정부는 멀리 있고 가까운 공동체는 몰락하였다.

친구의 이야기는 그 해법까지 제시하지는 않지만, 모두가 이걸 새로 만드느니 저걸 하겠느니 하는데 거꾸로 접근하는 발상이 재미있다. 실제 우리는 어려서부터 어떤 위인이 되겠다고 생각하면서 성장하였다. 그러나 나이가 들면서 닮고 싶은 사람보다 닮고 싶지 않은 사람들이 더 많아진다. 어느덧 "저런 사람이 되지는 말아야지…"라고 생각하면서서 살게 된다.

국가도 그럴까? 대부분의 정치인들은 자기가 집권하면 또는 자기가 국회로 진출하면 어떠어떠한 모습의 나라를 만들겠다고 공약한다. 그들은 대부분 만들어가야 할 목록들을 제시한다. 그에 비하여 친구의 이야기는 없애야 할 목록들을 제시한다. 나도 이러한 접근에 공감한다.

전통과 문화 그리고 인적 자원 밖에 가진 것이 없는 나라에서 이제 우리나라는 넘쳐나는 사회이다. 우리는 건국 후 지금까지 부지런히 노력한 결과, 가진 것이 너무 많아서 감량 다이어트가 필요한 시점에 이르렀다. 그런 관점에서 나는 없어져야 할 다섯가지 목록에 찬성한다.

그렇다면, 희망하기만 한다고 하여 이상이 달성될 일은 아니니 어떻게 해야 할까? 없어져야 할 다섯 가지를 없애기 위하여 우리는 어떤 노력들을 어떻게 기울여야 할까?

스캔들은 특히 정치인들에게는 쥐약이다. 스캔들은 극약이다. 조금 일으키면 악명이라도 얻어 정치하는 데 도움이 될지 모르지만 많이 일으키면 독약이다. 정치인들이 일으키는 스캔들 중에 가장 치명적인 것은 '뇌물' 주고받기이다. 세상에 돈을 싫어하는 사람이 어디에 있겠는가마는 정치인들에게 있어 돈은 생명줄이면서 저승사자이다. 행정 관료나 브로커들과 달리 정치인들은 뇌물을 받더라도 그 돈의 대부분을 옳고 그름을 떠나 선거나 조직관리에 쓴다.

장외(오프라인)에서 눈에 보이는 아날로그 방식은 지역구를 관리할수록 더욱 많은 돈이 든다. 고비용의 정치 구조가 정치인들을 부패하게 만든다. 저비용의 정치를 어떻게 실현시킬 것인가? 선거제도부터 개선해야 한다.

부패로부터의 자유, 저비용의 선거

정치는 이래저래 돈이 많이 든다. 정치를 직업으로 여기는 현재의 제도하에서는 정당활동 자체가 인건비·섭외비 등 거액의 돈을 요구한다. 선거 때에는 중간관리자[조직책]들의 보수성 삥땅[엄밀히 말하면 '횡령'이다]과 선전책들의 접대비[먹고 마시기]로 더 많은 돈이 들어간다.

야당도, 액수의 과다만 다를 뿐, 돈 뿌리기식 정치로부터 초연할 수가 없다. 정치 활동이 온통 돈으로 움직인다. 오늘날의 정치행태는 사람의 됨됨이나 발전가능성과는 관계없이 돈 있는 사람들의 정계 진출을 유리하게 만든다. 그래서 의식 있는 사람들은 정치를 멀리한다.

정치가들의 씀씀이를 보면 정치에 많은 돈이 필요함을 알 수 있다. 정치자금을 마련하다 보면 때로 이권을 챙기고 청탁도 받는다. 조건이 따르는 돈을 받고 시치미를 떼면 그 또한 떳떳하지 못하다. 얻어먹고 표를 찍어주지 않는 유권자는 겉 다르고 속 다른 인간이다. 뇌물이나 떡값을 받았다면 답례를 하여야 한다. 결국 돈이 정치가를 타락시킨다. 다수의 정치가들은 "그래도 나는 깨끗하다"고 강변하지만 선거나 정치에 돈을 쓰는 한 결백을 주장하기 곤란하다. 더러운 물에 목욕하면서 몸만 깨끗해지기를 바랄 수 없다. 음성적 대가가 따르는 정치자금으로 움직이는 정치는 원천적으로 깨끗할 수가 없다.

정치가 잘 되려면 정치가들이 부정부패에 젖지 않아야 하고 정치가들을 타락시키지 아니하려면 정치에 돈이 들지 않아야 한다. 헌법이론에 기반을 둔 시민운동가들의 주장에 따르면, 고비용 정치구조를 청산하는 방법은 이론상으로는 단순하다. 정치에 대한 인식을 바꾸면 된다. 그 동안의 정치관은 이런 식이었다.

"정치는 정치가들의 전유물이다. 정치는 돈 받고 하는 일이다. 재산가들이 정치를 하여야 한다. 시간이 남아야 정치를 한다…"

그러나 이러한 관념들은 더 이상 유지될 수도 없고 유지되서도 안된다. 정치나 정당활동이 돈 있는 사업자들만의 독점적 마당이 되어서는 안 된다. 시민사회 내지 민주사회에서는 정치는 모든 시민들의 작품이어야 하기 때문이다.

몇 년 전, 여의도에서 만난 어느 시민운동가는 솔직하게 "정치가 남의 일이 아니라 나의 일이라면 정치활동에 보수가 불필요하다"고 말했다. 21세기의 정치는 무수한 아마추어들의 자원봉사 마당이 되어야 할 것이다. 돈 없는 아니 돈을 쓰지 않는 정치가 실현되어야 한다. 조직책들이나 중간관리자들에게 돈이 지급되지 않는다면 횡령 내지 삥땅도 저절로 없어질 것이다. 모든 사람들의 정치참여를 촉구하기 위하여서는 자기 직업을 수행하면서 틈틈이 정치활동에 참여할 수 있는 제도적 보장이 필요하다.

사회개혁의 열정을 안고 뛰는 시민운동가들도 정치에 참여하여야 한다. 각계의 전문가들이 바쁘더라도 시간을 쪼개어 정치에 할애하여야 한다. 법관이나 교사 또는 회사원도 당당하게 정당원이 될 수 있어야 한다. 정치적 무관심과 냉소주의를 부끄럽게 여기고 정치참여가 시민윤리로 정착되어야 한다.

유권자들이 알게 모르게 정치를 부패하게 만들면서 정치인들을 욕하면 앞뒤가 맞지 않는다. 부패의 해법은 선거제도와 운동방식에 있다. 정치인들의 부패를 방지하려면 돈이 들지 않는 선거를 실시해야 한다. 고비용 선거는 필연적으로 부패를 부른다. 여럿이 모여서 먹고 마시는 일(회식)에 돈을 쓰지 말아야 한다. 회식을 꼭 하고 싶으면 각자내기(Dutch Pay) 로 하여야 한다.

여러 명의 회원 또는 정당원들이 한 명의 정치지도자를 접대하는 방식이 그 반대의 경우보다 여러모로 낫다. 종래의 시민운동은 이러한 측면에서 기성의 정치권에 시사하는 바가 많다. 또 선거 때 얻어먹고 다니는 유권자나 "표를 모아 주겠으니 활동비를 달라"는 '매표노'(권력자에게 돈을 받고 주권을 넘기는 노예)의 행태가 사라져야 한다. 자기의 일을 하면서 돈을 받겠다는 발상은 봉건사회의 노비들도 몰랐다.

광역정당 구상

정당정치와 관련하여서는 전국 단위의 정당만을 허용하는 현행 「정당법」을 바꾸어 광역지방자치단체[시·도] 단위로 활동하는 '광역정당'을 허용하여야 할 것이다. 광역정당에 관하여서는 널리 홍보되지 않았으나 오래 전부터 주민자치나 창조한국 모임 등을 중심으로 논의가 있었다. 이른바 '광역정당론'은 '풀뿌리 민주주의'를 바탕으로 한다. 풀뿌리 민주주의는 지방자치에 관한 논의에 속한다.

우리나라에 지방자치 제도가 도입된 지 오래되었음에도 실질적인 민주주의의 정착이 아직 요원해 보인다. 그동안 정부는 지방분권을 강력하게 추진하였지만, 저간의 경험에 비추어 볼 때 지방자치와 지방분권이 바로 지역주민들의 정치참여로 연결되지는 아니할 것으로 예상된다. 지방자치는 언필칭 '풀뿌리 민주주의'로 해석되면서도 그 풀뿌리에 해당하는 지역주민들의 정치 참여는 기성 정치의 완고한 벽을 넘어서지 못하고 있다. 또한 각종 선거에서 지역주민들의 대표자들을 뽑지만 대의정치의 문제점들을 해결하지 못하여 선거철만 지나면 시민들은 다시 정치의 객체로 되돌아가곤 한다.

진정한 참여와 협력을 구현하고 우리나라 민주정치의 올바른 발전을 위하여서는 이러한 구태와 모순이 되풀이되는 현실을 넘어서야 할 것이다. 정치가 시민과 유리될 수 없고 일상의 생활이 정치와 연결될 수 있어야 함을 보여줘야 한다.

주권과 권력은 그 주체인 국민 또는 시민들에게 되돌아가야 한다. 권력은 분유되고 순환되어야 한다. 이러한 정치개혁은 중앙정부 중심의 기성 정치권의 노력만으로는 완수하기 어렵다. 진보진영 일각에서는 새로운 정치 틀을 실험하기 시작하였지만 여전히 중앙정치 중심의 경향을 보이고 있다. '지방의 눈'으로 바라보고 주민들의 손으로 만질 수 있는 정책이 마련되고 이를 실현시킬 수 있는 제도들이 정비되어야 할 것이다. 이른바 '광역정당'도 이러한 맥락에 해당하는 제도이다.

현행 정당법은 정당의 설립요건을 지나치게 제한함으로써 정치권력에 대한 진입장벽을 높였고 결과적으로 민주주의의 발전을 저해한다. 지역단위의 정당활동을 원천적으로 금지한 정당법은 진입장벽에 해당한다. 현행 정당법은 전국단위의 정당[전국정당]만을 규정한다. 즉 정당법에 따르면 정당은 5인 이상의 시·도당을 가져야 한다. 시·도당은 1천명 이상의 당원을 가져야 한다. 따라서 정당법은 일정한 범위내의 지역, 예컨대 1개의 광역지방자치단체에서만 활동하는 정당, 즉 광역정당의 출현을 원천적으로 가로막고 있다. 그 동안 각종 선거에서 전국정당이 특정 지역에서 영호남의 대립 내지 충청권의 한계와 같은 지방색을 극복하지 못함은 민주정치의 발전에 그림자를 드리운다. 지방자치를 실시하면서 광역정당제도를 도입하지 아니함은 모순이다.

지방자치를 발전시키고, 지역감정을 없애기 위하여서는 오히려 지방문제를 정강·정책으로 채택하고 주민들의 정치적 의사형성에 이바지할 수 있는 유연한 정당제도가 필요하다. 정당의 지방색을 극복하기 위한 방안은 여러 가지가 있을 수 있겠으나 풀뿌리 민주주의의 발전을 통하여 정치의식을 선진화시키고 주민참여를 높이는 것도 하나의 방안이 될 수 있다.

이러한 배경에서 2007년말 NGO창조한국 동지들은 주민자치의 활성화라는 측면에서 '광역정당' 제도의 도입을 제안하였다. 광역 정당이란 광역지방자치단체를 기반으로 하여 주민들의 정치적 의사를 형성하고 지방선거에 입후보자를 내는 정당을 말한다. 한 지방 안에서 복수의 광역정당들이 육성된다면, 전국 정당들의 지방화로 인한 폐단을 극복할 수 있을 것이다.

당내 민주주의

선거에 즈음한 정당의 공천에 관해서는 아무리 강조하여도 지나침이 없는 진리가 있다. 당원들의 손으로 입후보자를 결정하는 '상향식' 공천이 바로 그것이다. '공천'(공직선거후보자추천)은 당내 민주주의의 시금석이다. 국민의 정치적 의사를 수렴하고 정책형성에 이바지하는 정당들이 소수 당원들에 의하여 지배되고 자주 이합집산함으로써, 그리고 당원자격을 지나치게 제한함으로써 시민들의 정치적 견해를 제대로 담아내지 못하였고 결과적으로 시민들의 정치적 불만과 갈등이 고조되었다.

정당의 소수 지도자들이 공천권을 행사하는 것도 따지고 보면 자의적 지배이며 폭력이다. 한계를 극복하는 수단으로서 종래 국민발안, 국민소환, 국민투표 등이 각국에 도입되었거나 도입이 검토되고 있지만 이러한 제한된 법적 형식만으로는 시민들의 욕구를 충족시킬 수 없다. 역사적 한계들을 극복하기 위하여서는 시민들의 직접적 참여에 의하여 대의정치의 폐단을 시정하여야 한다.

대의제로 나타나는 대중민주주의는 간접민주주의의 한계를 벗어나기 어렵다. 민주주의에 대한 반성은 바로 민주주의에 대한 한계에서 비롯한다.

헌법상 '국민의 대표'인 국회의원들은 대부분 입법활동·국정감사 등에 있어서 국회법에 따라 국민 내지 지역구 주민들의 의사를 우선시키기보다는 소속 정당의 이익을 우선시킨다. 주민들은 그들의 뜻과 동떨어진 대표에 대하여 선거를 통하여 책임을 물을 수 있지만 그들이 차선책으로 선택하는 후보자 내지 대표 역시 대부분 정당소속 정치인들이기 때문에 당적만 바뀔 뿐 중앙집권화된 정당정치의 폐단을 벗어나기 어렵다. 이러한 현상은 시민들의 정치적 좌절감을 심화시킨다.

개발 중심의 선거공약

지역개발에 대한 정치인들의 약속은 선거공약으로 나타난다. 국회의원들이 흔히 국가 전체의 이익보다 자기 지역구의 개발을 우선하고 또 선거 공약에서 지역개발을 내세운다. 하지만, 우리 헌법 해석에 따르면, 이러한 모습은 유권자들의 정서에 부합할지 몰라도 정도(正道)가 아니다. 국회의원은 지역구의 대표자가 아니라 국민의 대표자이기 때문이다. 적절한 지역개발은 불가피하지만 지역 개발은 어디까지나 지방자치단체장의 몫이다.

국회의원들이나 지방의원들이 단체장의 몫을 가로채서는 아니 된다. 단체장의 몫은 단체장에게 주어야 된다. 국회의원은 행정부에 대한 파수꾼으로서 또 국가 전체의 균형발전을 위하여 노력하여야 한다. 지방의원도 마찬가지이다. 의원들이 자기 공약사업을 실천하겠다고 행정부에 기웃거리거나 압력을 행사함은 헌법정신을 떠나 직분에서 벗어나는 일이다.

"각자에게 그의 것을"이라는 정의(justice)의 기본원리에 비추어 본다면, '공약의 혼동' 현상은 왜곡된 현상이다. 선거공약의 내용이 '자치단체장' 후보의 그것과 다를 바 없는 '의원' 후보의 공약들이 그 예이다. 선거공약을 지키려고 의원들은 당선 후에도 의원

본연의 지위를 일탈하게 된다. 헌법학자들의 말을 빌리면, 이러한 사태는 권력분립을 규정하고 있는 헌법정신에도 반한다. 그럼에도 후보자나 유권자 모두 이러한 일탈 내지 혼동에 무심하다. 이에 대한 비판도 찾아보기 힘들다. 선거문화를 직접 규제하는 공직선거법은 선거에 참여하는 정당·후보자 등에게 공정경쟁의무를 부과하면서도, 선거절차의 공정성과 선거자금의 규제에 치중할 뿐 선거공약의 한계에 관하여서는 침묵을 지킨다.

동반성장의 허실

역대 정부들은 대기업과 중소기업의 상생발전이니 동반성장이니 하면서 부산한 모습을 보였다. 대기업과 중소기업은 이른바 '기업형' 수퍼마켓을 두고 다투더니 급기야 두부까지도 다툼의 대상이 되고 말았다. 두부가 중소기업 적합업종이냐 아니냐 하는 논쟁이다.

실망스럽다.

동반성장이 두부를 다투어서 되겠는가? 대기업이 중소기업들에게 납품단가를 후려치지 않고 기술개발과 판로를 지원하며 공정한 거래를 지향하는 것이 동반성장의 본분일텐데 어쩌다가 두부까지 다투게 되었을까? 이러다가는 콩나물까지 상생발전의 주제로 나서지 않을까 걱정된다. 두부를 주제로 동반성장의 모순과 구멍가게들의 살 길을 다룬 친구의 이야기를 들어보자.

두부는 언제부터 어떻게 이렇게 귀한 몸이 되었을까? 어느 친구가 조사한 내용은 간단하다. 수도권의 어느 E마트 유기농매장에서는, 두부 1모(450g)를 4,650원에 판매한다. 2012년 최저임금이 시간당 4,580원이니까, 1시간을 일해도 (유기농)두부 1모를 못 산다. 팩에 담긴 일반 두부도 300g에 2,300원을 호가한다. 물론 인터넷은 300g에 1,170원짜리 두부도 판다. 대기업들의 논리에 따르면 두부는 중소기업 적합업종에 속하지 않는다. 식탁의 단골 메뉴인 두부가 언제부터 대기업에 적합한 품목이 되었을까? 두부는 식품 유통질서가 첨단화되면서 귀한 몸이 되었다.

옛날의 두부는 동네 공장에서 만들어져 모판에 담겨 자전거를 통해 구멍가게로 배달되었다. 그 때 두부는 물동이에 담겨 팔렸다. 하지만 이제 대기업에서 만들어진 두부는 투명 비닐 팩에 담겨 대형 수퍼마켓의 신선고에서 판매된다.

친구의 말대로, 두부의 지체가 달라졌다. 동네 수준의 두부 공장은 두부를 받아서 팔아줄 구멍가게들이 사라졌기 때문에 문을 닫는다. 구멍가게는 동네 사람들이 찾지 않기 때문에 사라진다. 소비자들은 서구식 대형 수퍼마켓에서 장을 보고 집안의 대형 냉장고에 식품을 보관한다.

친구의 말마따나 두부는 팩에 들어가면서 유통이 선진화되었지만 값이 비싸졌다. 가격 상승은 고급화/세련화의 대가이다. 그러나 팩은 곧 쓰레기로 변한다.

'쓰레기를 만들지 않는다'는 관점에서는 '팩' 두부보다 '물동이' 두부가 낫다. 대기업/중소기업의 동반성장 내지 상생경제란 세련되고 비싼 팩 두부도 팔리고, 동네 구멍가게의 물동이 두부도 팔리는 유통구조를 포함한다. 안타깝게도 구멍가게들이 망하니 자영업자들의 60%가 월100만원의 소득도 올리지 못한다. 친구의 결론처럼, 동반성장은 구멍가게 혼자만의 노력으로 이루어지지 않고 생산-유통-소비에 이르는 계통의 경제가 이루어져야 가능하다. 동네 구멍가게들은 소비자들의 행태 변화에 적응하지 못했고 기업형 수퍼마켓과 경쟁하면서 망했다. 구멍가게가 구멍가게답지 못했다.

자유무역협정

자유무역협정(FTA)을 두고 기성 정치권은 뜨겁다. 언론도 편이 갈렸다. 사안은 같은데 처방은 정쟁이마다 다르고 의사마다 다르다. 노무현 정부 때 시동을 건 한미 FTA는 특히 여러 가지 시비

거리가 많지만 투자자·국가간 소송제도(ISD)를 둘러싼 설전이 제일 날카롭다. 투자자-국가간 분쟁해결제도(ISD)란 "외국인투자자가 투자유치국의 협정의무 위반 등으로 피해를 입을 경우, 투자유치국 정부를 상대로 직접 별도의 중재기관에 손해배상을 청구할 수 있는 분쟁해결 절차"를 말한다. 한미 FTA 투자 분야에 규정되어 있는 각종 의무, 투자계약 및 투자인가 등을 투자유치국 정부가 위반할 경우에 투자자는 국제중재를 통하여 손해를 배상받을 수 있다.

어느 야당 의원은 2011년 가을에 그의 블로그를 통해서 이 제도에 반대하는 주장을 폈다. 그에 따르면, "ISD는 공공정책과 사법주권까지 침해할 소지가 많아 미국 내 법조계, 학계, 정치권 일부의 비판이 끊이지 않고 있으며, 호주는 최근 신통상 정책에서 ISD 폐기를 선언한 바 있다. 또한 미국 주도의 세계경제질서 하에서 중재의 공정성을 담보하기 어렵기 때문에 한미 FTA에서 ISD 조항만큼은 반드시 폐기되어야 한다".

이러한 주장의 근거는 무엇일까? "노무현 대통령 때 시작한 한미 FTA, MB대통령 때 완성하겠습니다."라는 패러디까지 등장했다. 처음 시작한 사람은 그 과정과 내용이 어찌 되었든 결과에 대하여 책임을 져야하는 것인가?

2003년 칸쿤회의에서 한국정부는 "국가와 국가사이의 분쟁처리 제도를 설치하되, ISD가 포함되어서는 안 된다"고 명시했다고 알려져 있다. 한미 FTA 추진 당시 관계부처 협의과정에서 우리 법무부는 "소송에서 국가가 패소해 보상할 경우 헌법상의 재산권 보장과 평등권을 침해할 소지가 크기 때문에 ISD가 삭제되어야 한다"는 입장을 취했고, 우리 대법원은 "사법부의 확정 판결에 불복한 미국 투자자가 국제중재기관에 제소하면 사법주권이 침해받을 수 있다"는 입장을 표명하였다.

2004년에 체결된 호주-미국FTA는 ISD를 제외시켰다. 2003년 11월의 호주 상원 외교안보통상 자문위원회는 "북미자유무역협정(NAFTA)을 모방한 자유무역협정은 지방정부, 정부, 중앙정부 등 모든 차원에서 정부의 모든 규제에 도전할 수 있을 만큼 부당한 권력을 미국 기업들에게 넘겨주게 될 것으로 우려하고 있다"는 보고서를 채택한 바 있다.

한국의 일부 언론들은 FTA에 찬성하면서 ISD를 옹호한다. 그들은 ISD가 한미 FTA만 있는 별종이 아니라고 한다. 같은 입장에 따르면, ISD는 외국에 투자한 기업이 현지에서 불이익을 당할 때 국제기구의 중재로 분쟁을 해결토록 한 제도이다. 우리의 사법적 주권을 미국에 몽땅 넘기는 독소조항이라고 할 수도 없다. 미국 투자자와 기업에만 유리한 것도 아니다. 범세계적 표준(스탠더드)이다. 이것이 없으면 투자자는 늘 불안하다. 그래서 만들어진 시스템이다. 세계 147개국이 ISD를 채택하였다. 우리나라는 40여 년 전에 이 시스템을 받아들였다. 칠레, 싱가포르, 인도와 체결한 FTA에 모두 다 들어가 있다. FTA를 체결하지 않은 일본과 중국 등 81개의 투자협정에도 포함되어 있다. 찬성론자들에 따르면, 미국인을 차별하지 않는 한 정당한 공공정책은 ISD의 적용대상이 되지 않는다. 국제투자분쟁에서 미국이 이기는 것보다 지는 경우가 더 많다. 미국인이 한국에 투자한 것보다 우리가 미국에 투자한 게 더 많기 때문에 오히려 우리가 더 이득이다.

찬성론자들도 ISD로 인한 피소(被訴) 가능성을 우려한다. ISD 제도 아래에서는 정부의 부작위로 계약이 제대로 이행되지 못할 경우에 투자자는 사적인 계약 불이행에 대해서도 국가와의 연관성을 주장하며 불이행 책임을 국가에게 전가할 수 있다. 그렇지만 찬성론자들은 우리나라가 피소될 확률이 매우 낮다고 단정한다. 설령 일어난다고 해도 준비만 철저히 하면 겁낼 것이 없다는 입장이다. 차제에 우리의 제도나 정책 수준을 남에게 책잡히지 않도록 선진화하면 된다.

세계화는 무한경쟁을 초래하고 '빈익빈 부익부'와 같은 양극화를 낳는다. 실력이 없는 국가들은 살아남기 어렵다. 우리는 빈틈 없는 준비 없이 허술하게 FTA에 임했다. FTA란 경쟁력이 떨어지는 쪽을 희생시키고 경쟁력이 강한 쪽을 살려 국가 전체의 부를 증가시키겠다는 전략이다. 그렇다면 국부를 증가시키되 경쟁력이 약한 쪽을 배려하는 정책이 필요했다. 농업이나 수산업처럼 FTA로 흔들리는 산업에 대한 배려가 부족했고 이익을 보는 쪽과 손해를 보는 쪽 사이의 이익조정도 없었다.

투자자-국가간 소송제도(ISD)만 해도 그렇다. ISD는 어제 오늘 갑자기 하늘에서 떨어진 것이 아니다. 준비되었던 분쟁해결 절차이다. 우리가 중국과 FTA를 체결할 경우에는 우리가 ISD를 거론할 텐데 왜 유독 한국과 미국 사이에서 문제가 될까? 미국을 믿지 못해서 그러는가? 그렇다면, 입장을 바꾸어, 중국은 우리를 믿고 ISD를 넣으라고 할까? 호주와 미국의 FTA에는 ISD가 없는데 왜 한국과 미국은 ISD를 가지고 다투어야 할까?

해답의 실마리는 간단하다. 법적안정성의 보장 때문이다. 신제도주의 경제학자들의 교설에 따르면, 법적안정성이 보장되지 않은 나라는 외국으로부터의 투자가 멈추게 되고 급기야 성장이 둔화된다. 현재 중국은 고도성장을 이룩하고 있지만 재산권이 명료하지 못하고 이를 집행할 사법기구의 법적 안정성이 떨어져 장차 법적 안정성을 이룩하지 못하면 경제성장이 둔화될 것으로 예측된다.

국제투자에서 가장 문제가 되는 것은 투자가가 투자 수익을 회수할 수 있을 것인가 그리고 투자와 관련된 분쟁이 생겼을 때 어디에 호소해서 어떻게 해결할 것인가의 여부이다.

호주와 미국은 일부의 오해와 달리 영미법계 즉 '보통법계'(common law) 국가라서 ISD를 생략한 게 아니다. 서로의 법 집행 체제에 대한 신뢰가 있었기 때문이다. 그들은 상대방 법원이 공정한 판결을 내려줄 것이라는 신뢰가 있기 때문에 구태여 국제 중재기구까지 가지 않아도 된다고 생각한다.

이에 비하여 미국의 투자자들은 이유를 정확하게 대기는 어렵지만 대한민국의 법원이나 상사 중재기구들을 믿지 못하기 때문에 ISD를 끌고 들어오려고 한다. 미국인들은 우리의 사법기구가 자기들에 대하여 편파적일지도 모른다는 생각에서 벗어나지 못한다.

어쩌면 이러한 불신은 그간 우리의 공권력과 사법기구가 쌓아온 업보에서 비롯하는 것일지도 모른다. FTA에서 미국인들에게 의혹의 눈초리를 보내기 전에 우리의 공권력은 내국인들로부터 공평무사하다는 평판을 들었는지 되돌아 볼 일이다.

정부부채

　IMF는 재정점검 보고서(Fiscal Monitor 2011)에서 선진국의 GDP 대비 평균 국가채무 비율이 2007년 73.4%, 2010년 98.1%에서 2012년 102.9%, 2014년 108.7%, 2016년 109.4%로 위기 이후 갈수록 증가할 것으로 예상하였다. 신흥국의 평균 국가채무 비율은 2012년 36.0%로 위기 이전인 2007년의 35.9% 수준에 다다른 후 2014년 33.0%, 2016년 30.9%로 감소할 것으로 예상됐다.

　자크 아탈리(Jacques Attali)의 『더 나은 미래』(2010)에서 경험을 바탕으로 한 연구 결과들에 따르면, 결과로서 증명된 바는 없지만, 공공부채가 GDP의 90% 선을 넘어설 때 경제 성장을 점점 억누른다는 것을 알 수 있다. 일본 재무 공무원들의 증언에 따르면, 고도성장을 구가하던 일본은 1973년을 기점으로 대대적으로 복지를 확대했고 이때를 '복지원년'으로 부른다.
　하지만 이른바 '거품 붕괴'로 세수가 급격히 줄자 일본 정부는 빚을 내 복지 등 예산을 메우기 시작했다. 1980년대 말까지는 평행선을 달리던 일본의 세입과 세출은 1990년대 들어 뚜렷이 방향을 달리한다. 급기야 금융위기의 충격이 닥친 2009년에는 세금으로 거둔 돈보다 국채를 발행해 만든 돈이 많아졌다.

언론의 보도에 따르면, 일본의 국내총생산(GDP) 대비 정부부채 비율은 1977년만 해도 현재 한국과 비슷한 32%였다. 하지만 6년 만인 1983년에 두 배(60%)가 되었고, 1997년에 100%가 되었다. 1990년대 이후 일본의 고령(65세 이상) 인구 비율은 급속히 늘면서 2000년 이후 미국과 영국·프랑스·독일을 모두 제쳤다. 정부부채 비율이 200%를 넘어서는 데는 13년 밖에 걸리지 않았다. 일본은 저출산·고령화에 대비해 선제 대응을 하지 않았다. 일본 인구 4명 중 1명이 연금을 받기 때문에 정치권은 연금에 손을 대기 어려웠다. 이른바 '연금 민주주의'의 정치구조가 일본 재정 개혁의 장애로 작용하였다.

2011년 7월에 기획재정부는 한국조세연구원이 분석한 '장기재정전망추계'를 발표하였다. 이 발표에 따르면, 우리의 나랏빚[정부부채]이 2020년엔 1000조원, 2050년엔 무려 1경(京)원으로 불어난다. 연평균 8%가량씩 늘어나는 셈이다. 그것도 연금·건강보험 등이 현행 제도 수준으로 유지된다는 가정 아래서다.

우리나라 조세부담률 수준과 4대 공적연금(국민·공무원·군인·사학연금)과 건강보험·노인요양보험·기초노령연금 등이 현행대로 유지된다고 가정하면, 2020년 국가채무는 963조5000억원으로 국내총생산(GDP)의 42.6%에 달하게 된다. 국가채무는 2030년엔 GDP 대비 61.9%, 2040년엔 94.3%로 뛰다가 2050년엔 9,800

조원까지 불어날 전망이다. 2050년 예상 GDP의 137.7%에 이르는 규모다. 고령화로 의료비 지출이 더 늘어나게 될 것까지 감안하면 상황은 더 심각해진다. 이 경우 정부채무는 2020년 1065조 3000억 원, 2050년 1경2008조5000억 원으로 늘어날 전망이다. 각각 GDP의 73.4%, 168.6%로 급증하는 셈이다.

공공지출을 줄이더라도 복지 등 공공 서비스에 영향을 미치지 않는다면 국가부채는 쉽게 감소될 수 있을 것이다. 그러나 자크 아탈리는 말한다. "공공 서비스의 질과 형평성에 영향을 미치지 않고 공공 지출을 대대적으로 줄이는 것은 불가능하다. 이는 끈질기고 사람들의 지지를 얻기 힘든 조치를 통하여 국가와 사회 서비스를 개혁해야 하는 만큼 용기가 필요한 일이다." 가정에서도 부모의 빚을 자녀들이 상속하는 것과 같이 정부부채는 현재세대에서 끝나지 않고 미래세대에까지 전이된다. 가정에서는 한정상속과 같은 제도로 자녀가 부모의 빚을 승계하지 않을 수 있지만, 정부 부채는 국가적 파산과 지급정지[모라토리움]를 선언하지 않는 한 항구적으로 지속되어 국가경제에 주름살을 지운다.

신자유주의는 도처에서 원성을 사고 있지만 순진한 신자유주의 경제학자들은 정부규모를 줄이고 재정적자를 축소할 것을 권고했다. 신자유주의이든 국가자본주의이든 정부부채는 미덕이 아니다. 이른바 '보편적 복지'는 정부부채와 밀접한 관계를 맺는다.

보편적 복지와 선별적 복지

무상급식과 반값 등록금으로 불거진 보편적 복지 논쟁이 공전의 화제를 불러일으켰다. 보편적 복지[소득에 관계없이 복지혜택을 준다]인가 선별적 복지[일정소득 이하 계층에만 복지를 준다]인가를 둘러싸고 정치권의 공방이 뜨거웠다.

무상급식은 보편적 복지의 화두가 되지 못한다. 모든 국민과 외국인들에게 초중등 교육의 기회가 열려 있으며 급식은 근로의지와 무관하기 때문이다. 우리의 경제수준이 아이들에게 점심 한 끼 먹일 수준은 넘는다고 본다.
그러나 대학생들에 대한 반값 등록금은 이 문제를 천착한 하버드 대학의 마이클 샌델 교수가 집필한 『왜 도덕인가?』까지 언급하지 않더라도 논쟁의 여지가 있다. 보편적 복지는, 따지고 보면, 담세율과 재정적자 문제와 직결된다.

세간에서는 보편적 복지가 사회주의를 배경으로 하며 선별적 복지가 신자유주의를 배경으로 하는 것으로 이해한다. 또 복지 선진국 스웨덴을 보편적 복지의 본고장으로 이해하기도 한다. 그러나 보편적 복지는 평균적 정의에 가까운 개념이며 선별적 복지는 배분적 정의에 가까운 개념이다. 선택적 복지제도(Flexible Benefit

Plan)란 여러 가지 복지후생 항목들 가운데 근로자가 자신의 형편에 맞추어 원하는 항목을 선택할 수 있는 근로자 복지 제도이다. 그래서 맞춤형 복지라고 불리기도 한다. 좋아하는 음식을 골라 주문하는 식당에서 이름을 따 카페테리아 플랜(Cafeteria Plan) 또는 카페테리아식 복리후생제도라고도 한다.

사계에 널리 알려진 바와 같이 이러한 복지체계는 복지항목에 대한 선택권을 근로자에게 줌으로써 복지를 증진시키기 위해 미국에서 시작되었다. 선택적 복지제도는 정부가 재원을 투자해야 할 근로자복지에 민간이 참여하여 관련 재원을 확충하는 동시에 근로자에게는 선택의 기회를 넓힐 수 있다. 정부는 보통 이 제도를 도입한 기업에게 세제혜택을 준다. 근로자들은 주택지원, 의료지원, 육아보조, 학자금지원, 휴양시설 이용 등 다양한 항목 가운데 근로자 개인에게 주어진 복지예산 한도 안에서 원하는 혜택을 받을 수 있도록 한다.

한국사회여론연구소의 조사(2011년 1월) 결과에 따르면, 복지혜택의 수혜대상과 관련해 '선별하여 복지를 제공해야 한다'는 주장에 대한 공감도(68.8%)가 '소득수준에 상관없이 복지를 제공해야 한다'는 주장에 대한 공감도(30.3%)보다 2배 이상 높았다. 최근에 대학 반값 등록금에 이르러서는 정당들이 보편적 복지로 선회한 것으로 보인다.

나아가 선별적 복지를 지향하더라도 복지수준은 부족하다는 인식이 지배적이다. 2011년 1월의 여론조사 결과에서 응답자의 60% 가량은 우리나라의 복지수준에 대해 부족하다는 평가를 내리고 있다. 그러나 복지수준은 경제의 분배 여력에 달려 있다.

우리 경제의 분배여력에 대하여서는 '아직 부족하다'는 평가가 우세하다. 『주간경향』(2011.2.22)의 보도에 따르면, 응답자들은 우리나라 경제의 분배 여력에 대해 '분배를 해줄 만한 경제적 여유가 있다' 40.2%에 '분배를 해줄 만한 경제적 여유가 없다' 57.7%로 응답하였다.

사회주의를 이념으로 삼고 계획경제를 수단으로 하는 '국가자본주의'는 보편적 복지를 지지한다. 이에 비하여 세계화를 주도한 신자유주의는 선별적 복지를 지지한다. 그렇다면 궁금한 점이 많다. 보편적 복지를 들고 나온 우리 정치권이나 정당들은 어느덧 신자유주의를 포기하고 국가자본주의로 돌아선 것일까? 한나라당의 정강이 언제부터 민주당의 정강과 닮았을까? 그것이 과연 우리 사회의 공공선택(public choice)인가? '지금 당장 편하자'고 국부를 나누어 먹고 미래세대에게 빚을 떠넘기자는 마음은 누구의 흉중에 들어 있는 것일까?

앞에서도 언급했지만 정부부채를 생각하면, 일본이 후꾸시마 원전 사태를 겪고도 제대로 손을 쓰지 못하고 있음은 정부부채 때문임을 감안하면, 미래세대에게 빚을 떠넘기는 일은 피해야 한다. 서울시가 전면 무상급식을 실시한다고 하여 우리 사회가 바로 보편적 복지를 선택했다고 단정할 수는 없다.

아이들의 행복을 위한 교육

나는 대학선생으로서 과연 우리 대학생들은 행복할까, 어떤 교육이 아이들을 행복하게 만들까 등에 관하여 오랫동안 숙고하였다. 여러 해 전에 간행되어 적지 않은 반향을 불러 일으켰던 책이 있다. 『행복은 성적순이 아니잖아요』가 그것이다. 학창시절 성적 때문에 고심했던 사람들이라면 이 책의 주인공이 죽는 장면에서 눈시울이 붉어졌을 것이다.

요즘이라고 해서 상황이 달라지지 않았다. 천재들이 모였다는 카이스트 학생들이 유행병에 걸린 듯 자살하고 장차 한류를 주도할 한국종합예술학교 학생들이 그 뒤를 따른다. 발레리나로 명성을 얻겠다는 어느 친구의 딸은 자기가 좋아 선택한 길이면서도 미래의 명성을 향한 엄청난 경쟁에 시달려 걸핏하면 "때려치워야 하겠다"는 말을 입에 달고 산다. 우리의 아이들이 왜 이렇게 힘들게 살아야 하는가? 방법은 없을까?

학생들이 겪는 불행의 원천은 입시제도에서부터 비롯한다. 변별력이니 수월성이니 하면서 한국의 특목고나 외국어고 또는 유명 대학들은 학생들을 들볶는 수준을 넘어 괴롭힌다.

이 책을 읽는 독자들 중에 관심이 있는 분들은 국내 일류대학에서 출제하는 논술고사의 문제지를 살펴보시라. 논리적 사고를 보겠다면서 난해한 수학문제를 영어로 출제한다면, 변별력이야 생기겠지만 과연 누구를 위한 그리고 무엇을 위한 시험인가 의심스럽다. 철학 교수와 영문학 교수 그리고 수학교수가 합동으로 문제를 작성해야 한다면 그들 스스로도 혼자서는 풀 수 없는 문제를 학생들에게 풀라고 하는 셈이다.

하버드 대학 총장이나 서울대학 총장이 꾸는 꿈 중에 가장 괴로운 꿈은 자기가 입시날 시험문제를 푸는 장면이라는 개그처럼, 수월성이나 변별력 위주의 입시제도는 학생들의 창의력이나 행복과 거리가 멀다. 이렇게 하지 않아도 학생들을 선발할 수 있으면 창의력을 개발할 수 있다.

돌이켜 보면, 우리 사회는 학생들을 자기 자식들을 사랑한다면서 어느덧 괴롭히는데 이골이 나 있다. 말로는 '전인교육'을 표방하면서도 실제로는 인간성을 파괴하였다. 선생에 대한 학생의 폭력이고 교실에서의 불신과 저항은 그 결과이다. 놀랄 일이 아니다. 콩 심은 데 콩이 나고 팥 심은 데 팥이 난 것뿐이다.

체험학습이 늘어난다고 하지만 저렇게 시험공부로 내몰아서야 언제 어떻게 인격을 함양할 수 있을까? 책 한 권 읽을 시간도 없이 밤늦게까지 학원을 드나들어서야 어떻게 사람다운 사람이 되겠는가? 심야까지 개인 과외와 학원에서 실력을 연마한 학생들이 좋은 대학에 가는 현실이라면 학교에서는 무엇을 가르쳐야 할 것인가? 공교육이 필요하기는 한 것일까?

전통사회의 가정교육은 가려졌고 공교육은 도전받는다. 공동체의 사회교육은 아예 실종되었다. 우리 사회는 이러한 문제들에 대한 진지한 성찰이 부족하다. 모두가 교육 전문가라서 그런지 제자백가가 쟁명하는 우리의 입시제도는 한 해가 멀다 하고 바뀐다.

모든 학생들이 공부만 해서 출세하려 한다면 우리 사회는 다양성이 파괴될 것이다. 모든 학생들이 책만 파고드는 공부를 한다면 머리만 발달한 지식인들이 세상을 지배할 것이다. 잘 까불거나 잘 노는 아이들은 억지로 책을 붙들고 공부할 게 아니라 남을 즐겁게 해주는 기량을 익혀야 한다.

돈을 벌고 싶어 하는 아이들은 교실에서 억지 춘향을 할 일이 아니라 일찍부터 견습원(인턴)으로 일해야 한다. 환경이나 복지에 관심이 있는 아이들은 환경운동이나 사회봉사로 얻은 점수만 가지고도 상급학교에 진학할 수 있어야 한다.

기초학력은 수능고사로 충분할 것이다. 유명 대학들이 본고사를 부활하거나 기상천외한 논술이나 면접으로 학생들을 괴롭히지 말고 아이들이 걸어온 활동이력이나 각자가 쌓아온 특성화 재능(스펙)으로 입학여부를 결정하여야 할 것이다.

합리적 규제개혁

동서양을 막론하고 모든 정권들은 집권 초에 규제개혁을 말한다. 기존의 법과 제도가 변화된 경제여건과 정치풍향을 가로막는 족쇄로 작용하기 때문이다. 그러나 정권이 끝날 무렵에는 처음 숫자만큼이나 많은 규제를 남겨 놓고 떠난다.

규제개혁 전문가의 견해에 따르면, 정부는 늘 공익에 기초를 둔 '훌륭한 규제자'(good regulator)를 표방하지만 종래 규제개혁 방향을 행정규제 내부의 개혁 내지 '완화' 쪽에 비중을 두었기 때문에 규제 패러다임을 전체적으로 변화시키기 어려웠다.

행정규제를 벗어나 '규제' 자체의 구조와 본질을 파악하여 '정부' 부문에서 '시장'으로 넘길 것과 '공동체'로 넘길 것 그리고 '지방'으로 넘길 것 등을 구분하여 『폐지가 필요한 것』, 『변경이 필요한 것』 그리고 『강화가 필요한 것』들을 추출하여 정부규제의 패러다임 자체를 바꾸려는 근본적인 노력이 필요하게 되었다. 우리나라라고 하여 예외가 아니다.

규제개혁 법제 연구서(2009)에 따르면, 신자유주의적 관점에서 규제개혁의 기초이론으로 원용되는 공공선택(public choice)론은 규제를 비판한다. 규제적 정부에 대한 대부분의 비판들은 행정법을 간과하거나 소홀히 여긴다. 동시에 행정법에 초점을 맞추는 대다수의 법학자들은 규제의 기능과 취약점들에 관한 주장을 간과하거나 소홀히 여긴다. 그렇기 때문에 규제에 대한 이론적 고찰에서는 공공선택론의 설명에 어떠한 오류가 있는지를 찾을 필요가 있다.

특히 공공선택론에서 무엇을 놓치고 있는가를 찾아야 한다. 그러나 동시에 공공선택론의 분석결과를 수용하여 규제적 국가에 우호적인 견해를 뒷받침할 수 있는 성찰들을 찾아야 할 것이다. 공공선택론이 비판받는 이유는 정치가들과 행정관료들에 의한 공공선택이 실제 사적 이익과 선택에 의하여 왜곡됨으로써 합리적인 선택이 이루어지지 않는다는 점이다.

규제 관련 법률과 제도들이 개혁 정책에 호응하여 충분히 정비되지 못하면서 오랜 기간 동안 개혁이 지체되었고 법제도가 개혁정책을 외려 방해하는 모순이 증대되고 있어 규제개혁에 대한 욕구가 여전히 존재한다. 너무나 낡은 구시대의 규제들이 아직도 존속한다.

우리 법과 제도는 지나치게 행정청의 명령과 통제 중심으로 고착되어 있다. 이런 정도라면 정부 규제개혁위원회만의 노력으로 소기의 성과를 거두기 어렵다. 종래 규제개혁의 한계를 극복하고, 효율적이고 실질적인 규제개혁이 이루어질 수 있도록 패러다임의 변화를 도모하면서 규제정책과 관련법령들의 정합성을 확보할 수 있는 방안을 수립하여야 할 것이다.

이러한 일들은 행정부의 전속적 과제가 아니다. 규제는 법률의 모습으로 나타나고 법률은 최종적으로 국회에서 제정·개정되기 때문이다. 이는 국회가 규제개혁에 지속적인 관심을 가져야 하는 이유이다.

아름다운 공동체

경쟁력이 약하거나 먹고 살기 힘든 계층 또는 경우에 따라 직업환경이 변한 사람들은 걸핏하면 "정부가 나서서 해결하라"는 요구를 많이 한다. 그들은 이러한 주장이 받아들여지지 않을 경우에 수백 수천 명씩 모여 거의 매일 같이 데모를 한다. 정부에 대한 이익집단들의 요구는 거의 모든 계층과 분야로 확대되었다고 해도 과언이 아니다.

현대 행정국가 내지 복지국가에서 정부는 파수꾼 내지 심판자의 지위에서 후견인 내지 보호자로 변모하였다. 이렇게 시위가 빈발하는 현상은 우리 사회에 공동체(community) 정신이 결핍되었음을 시사한다.

시민운동을 통해 정치권력을 배출한 '아름다운 재단'이나 '아름다운 가게' 이야기를 하자는 것이 아니다. 정부가 할 일이 있고 공동체가 할 일이 있는데 각 공동체들이 제 할 일은 하지 않고 '일자리부터 사회복지에 이르기까지' 모든 일들을 정부에 맡기려 한다.

노벨경제학상을 수상한 미국 인디아나 대학의 오스트럼(Elinor Ostrom) 교수는 공동체의 성공과 실패를 이야기하지만, 우리나라에는 정부와 개인만 존재하고 그 사이에 사회, 즉 공동체가 존재하지 않는다.

복잡한 현대 사회에서는 또 시장의 영역이 확대되고 세계화된 상황에서 정부만의 힘으로 또 공동체만의 힘으로 모든 국민들의 수요를 충족시킬 수 없다. 정부와 공동체의 협치 즉 '거버넌스'가 필요하다. 전근대 사회에서는 공동체가 사회의 주된 조직을 형성하였지만 공동체와 공권력은 치자와 피치자의 관계에서 '명령-지배'의 관계에 놓여있었기 때문에 정부와 공동체의 협치라는 개념이 형성될 수 없었다.

근대국가에서도 공권력의 우월적 지위로 말미암아 정부와 공동체의 관계는 수평적 관계가 아니었다. 시민운동가들의 진단에 따르면, 정부가 공동체를 규범 내지 규제의 파트너로 생각하고 협동규제 내지 협치의 패러다임을 형성할 필요성을 느낀 것은 현대국가 이후의 일이다.

그러나 공동체와의 공조가 절실한 현대국가에서는 오히려 공동체의 존재나 정체성 그리고 기능에 대한 회의와 불확실성에 대한 시비가 대두되었다.

경제인문사회연구회에서 추진한 '협동연구'(2009)는 공동체의 역할과 활성화를 깊이 있게 다루었다. 신사회계약(new social contract) 이론에 따르면, 정부를 낳고 그 정부와 협력하고 경우에 따라 정부를 교체하는 집합적 사회조직으로서의 공동체(community)는 근대화와 더불어 오랫동안 방치되었다.

한국사회에서도 마을과 문중 등으로 표상되는 공동체는 지금도 법제도의 맹점으로 인하여 붕괴가 가속화되고 있다. 공동체의 빈

약은 사회(society)의 부재를 의미하고 사회가 없으면 정부와 개인은 서로 너무 맞붙어 있게 되고 완충지대를 갖추지 못한 다수의 개인들은 점차 독립성을 상실하여 개인생활에 필요한 모든 급부(service)를 정부로부터 공급받으려는 '의존형' 개체로 변모한다.

공동체의 범주가 불확실하며 구성원들 스스로가 자기 공동체를 거추장스럽게 생각함에도 불구하고 헌법제정권력을 행사하는 국민은 정부와 시장 이전의 사회구성원으로서 역사적·이념적으로 공동체의 조직원으로서의 지위를 보유하기 때문에 우리 사회의 공동체적 특성은 헌법질서 속에 면면히 흐른다.

그렇다면, 헌법질서에 따라 성립·변천하는 정부와 제정법은 그리고 헌법질서에 따라 조정되는 기업과 시장규범은 공동체와 그 규범의 시원성을 존중하고 그 협력을 이끌어낼 수 있는 여지를 확보하여야 한다. 「협동연구」 결과에 따르면, 이러한 배경 때문에, 정부와 시장은 그 우월적 지위와 세력을 자제하고 공동체가 활동할 수 있는 제도적 공간과 형식을 마련하여야 한다.

정부와 공동체의 협치(governance)를 위한 전향적 변화는 이미 우리나라의 법과 제도에서도 관찰된다. '사회적 자본' 개념을 활용한 '국민신탁'(national trust) 운동이 그것이다. 존스홉킨스대학의 프란시스 후쿠야마 교수에 따르면, 사회적 자본은 "사람들이 신뢰(trust)를 바탕으로 함께 협력할 수 있는 능력"을 말한다. 1세기 전 영국에서 제정된 국민신탁법을 본받은 한국의 국민신탁 운동은 사회적 자본을 바탕으로 자연환경을 보전하고 지역 공동체를 복원하고자 노력한다. 그러나 새로 제정된 우리 「국민신탁법」은 실제 우리 전통사회의 공동체, 즉 동계(洞契)나 마을숲(松契) 또는 어촌계와 같은 「계(契)」의 원리를 토대로 한다.

국민신탁은 아름다운 자연 속에 공유재산(commons)을 확보하여 미래 세대들에게 넘겨준다는 목표를 가지고 있지만 정부의 돈으로 공유재산을 확보하지 않고 기업이나 민간의 기부에 의하여 공유재산을 확보하고자 한다. 확보된 산림이나 습지 등의 공유재산은 반달곰이나 야생의 서식지로 활용된다. 물론 공유재산의 최종적인 수혜자는 미래 세대들이다.

글로벌 여수 재창조

글로벌 여수, 설레임의 예약

내가 생각하는 여수의 관광은 '설레임의 예약'이다.
여행을 다녀보면 설레임을 주는 장소와 풍경과 문화와 사람들이 있다. 그곳엔 사람들의 발길이 끊이지 않고, 찾는 사람들의 얼굴에 만족감의 미소가 가득하다.

'가진 건 많은 데 보여지는 게 적은 곳'이 여수가 아닐까 싶다. 우리 여수는 찾는 이에게 설레임을 선사할 많은 환경적, 문화적, 예술적 자산을 갖고 있다. 전통문화가 살아 있고, 역사가 깃들어 있고, 자연환경이 풍요롭고, 사람 내 나는 시골 마을들이 있다.
좀 더 들여다보면, 바다가 있고, 섬이 있고, 해안선이 있고, 개펄이 있고, 싱싱한 수산물이 있다. 좀 더 넓게는 순천만과 지리산,

고흥반도, 남해도가 이웃하고 있다. 동선을 좀 더 넓혀보면 제주도와도 연결고리를 만들 수 있다.

꿸 수 있는 구슬은 풍부하게 널려 있다. 여수관광의 미래는 이러한 것들을 어떠한 모양의 상품으로 만들어 내느냐에 달려있다. 현미경으로 보이지 않을 때는 망원경으로 보아야 한다. 반대로 망원경으로 볼 수 없는 것은 현미경으로 들여다 보아야 한다. 발상을 전환하고 나면 보이지 않던 것들이 보인다. 세계 곳곳의 많은 것들을 벤치마킹하고 배워야 하며, 우리의 것에 대한 자부심을 갖아야 한다.

무엇보다 중요한 것은 관광 패턴의 변화를 잘 읽어야 한다. 과거의 단체관광, 보는 관광에서 개별관광, 가족관광, 녹색관광, 체험관광으로 관광 패러다임은 변화중이다.

거대 외부 자본이 투입된 메머드급 볼거리 관광, 빠른 관광이 아니라, 어머니의 품같은 자연을 느낄 수 있는 생태투어, 평화와 치유를 경험하는 슬로우 관광으로 진화하고 있다. 그렇다면 무엇을 준비해서 더 많은 관광객이 여수를 찾아오게 만들 것인지, 찾아오는 이들에게 무엇을 체험하게 할 것인지 답은 나온다.

나는 여수의 갯가길을 제주의 올레처럼 만들어서 그 길을 여수관광의 주요 상품으로 개발하면 좋겠다는 생각을 오랫동안 해오고 있다. 우리 여수는 제주 올레 못지않은 갯가가 있다. 역사의 흔적과 삶의 내음, 자연의 풍요와 경외로움이 갯가길에 실려 있다. 금오도 비렁길은 단지 갯가길의 하나에 지나지 않는다. 더 많은 갯가길이 여수 곳곳에 숨겨져 있다. 잠재력은 무궁무진하다. 제주 올레 설립자인 서명숙 이사장에게 우리 여수의 갯가길을 체험해 보라고 권할 참이다. 또한 가능하다면 몇 개의 갯가길 코스를 엑스포 이전에 선보여 방문객들에게 참 여수를 알게 하고 싶은 생각도 있다. 이를 위한 민관의 협력도 중요하다.

여수 '갯가길'

대한민국의 걷기 열풍을 불러일으킨 장본인은 제주 '올레'의 서명숙 이사장이다. 스페인 순례자의 길로부터 영감을 받아 고향인 제주에 길을 만들었다. 동네 어귀에서부터 집 대문에 이르는 구부러진 옛길을 지칭하는 '올레'라는 이름을 붙이고, 제주 전역에 지금까지 18개 코스 이상의 길을 만들었다. 언론의 조명을 받은 올레길은 수 만명의 올레꾼들을 제주로 흡입하고, 제주의 새로운 관광 트랜드를 만들고 있다. 일본과 스위스 등에서 올레를 벤치마킹하여 길을 만들고 있고 전국의 지자체들도 길 만들기에 열을

▶ 시원한 바다 내음, 흙내음을 만끽할 수 있는 무한한 잠재력을 갖춘 여수의 갯가

올리고 있다. 지리산의 둘레길도 그렇게 해서 만들어진 길 중 하나이며, 이명박 대통령이 가볼만한 여행지로 추천하여 유명세를 타고 있는 금오도 '비렁길' 역시 올레길의 후손이다.

물론 여수에서도 돌산, 소라, 화양 등 해변을 중심으로 갯가길을 만들고자 하는 움직임들이 있고, 여수 갯가길을 여수의 새로운 관광 트랜드로 만들자는 목소리가 나오고 있다. 천마산 굴전, 무술목, 평사마을, 천마산, 여자만 전어, 개불잡이, 현천 쌍둥이 마을, 고뢰 농장 터, 섬달천 꼬막잡이.. 그 뿐이겠는가? 다도해 비경이 있고, 어촌의 전통이 있으며, 구국 성지의 역사가 살아 숨쉬고 있다.

여수의 '갯가'는 제주 '올레' 못지않은 경쟁력을 갖추고 있다. 바다가 살아 있고, 그 바다를 수백의 섬들이 수를 놓고 있다. '갯가길'에 이러한 여수의 자산을 담아 낼 수 있다. 돌산, 남면, 화양면, 화정면, 신덕/만성리 등 갯가를 낀 구불구불 아름다운 길들이 이미 존재하고 있다. 그 길을 걷는다는 상상만으로도 마음이 풍요로워 진다.

여수의 갯가길은 향후 순천만, 광양항, 남해, 고흥, 구례, 보성 등과 연계시킬 수 있다. 각 코스마다 지역의 고유 문화와 역사, 환경을 연계시켜 스토리텔링이 이루어질 수 있도록 디자인하는 것이 필요하다. 갯벌상태, 연안습지의 가치, 자연과 사람이 바다체험의 자산 등을 고려해보면 가능성은 충분하다.

▲ 갯가길 주변에 체험 관광 산업을 육성하면 지역 경제도 활성화된다.

전체 12~15개 코스로 총 연장 400km 정도의 '갯가길'을 지역의 문화, 역사, 환경 등 여수의 참 맛을 경험할 수 있도록 설계한다면 찾는 이들에게 감동과 설레임을 주기에 충분할 것이다. 또한 시민들의 지역 문화와 환경, 역사에 대한 자긍심을 고취하는데 기여할 수 있을 것이다. 갯가길은 여수엑스포를 찾는 국내외 관광객들에게 지역의 문화와 환경을 체험할 수 있도록 하는 핵심 프로그램으로도 개발될 수 있다. 엑스포 이후에는 지역 경제 및 관광 활성화를 위한 향토자원의 관광 자원화에도 공헌할 것이며, 남해안의 대표 관광 상품으로 자리매김 할 수도 있을 것이며, 글로벌 상품으로 발전시키는 것도 어렵지 않을 것이다.

▲ 여수 갯가길의 가능성은 충분하다. 문제는 두 팔을 걷어붙이고 추진하는 일이다.

박람회 이후 여수 관광의 미래

'갯가길'은 여수엑스포의 슬로건인 '살아 있는 바다, 숨 쉬는 연안'을 체험할 수 있는 가장 효과적인 방법이 될 것이다.

박람회를 기점으로 서울을 비롯한 대도시로부터 더 많은 관광객들이 여수로 접근할 수 있는 교통인프라가 확보된다. 그것이 여수가 박람회를 개최함으로써 얻는 최대의 수확이다. KTX로 2시간대, 자동차로 4시간 안에 서울을 출발해서 여수에 도착할 수 있다는 것은 서울 시민들에게 여수 관광의 문을 활짝 열린 것을 의미한다고 볼 수 있다.

이러한 인프라 확충을 계기로 여수 관광 활성화 전략을 체계적으로 수립하고 추진해야 한다. 여수 여행에 대한 설레임을 만들어내야 한다. 생각만 해도 설레는 여수에 와보지 않고는 베길 수 없는 그런 관광 컨텐츠를 만들어야 한다. 박람회장과 갯가길, 생태 테마파크, 풍부한 수산자원 등의 연계체험 상품을 선보일 수 있어야 한다.

박람회는 여수의 국제적 인지도를 높여주는 중요한 계기가 된다. 박람회를 전후해서 상당수의 외국인이 여수를 찾을 것이다. 더 많은 해외홍보와 마케팅이 이우러져야 한다. 또한 그들이 만족할 만한 체험관광 소재들을 발굴해야 한다. 방문한 사람들에게는 여수의 소식을 지속적으로 전하는 등의 에프터 서비스를 제공해야 한다.

무엇보다도 중국과 일본을 오가는 직항 노선 개설이 필요하다. 부정기 전세편이라도 괜찮다. 더불어 관광1번지인 제주와 연계할 수 있는 항공 및 해상 교통로를 확충하거나 신설할 필요가 있다. 주변 도시들과 협력해서 일을 추진해야 한다. 여수, 순천, 광양을 패키지로 묶어서 하나로 마케팅하면 더 효과적일 것이다.

필자는 영자신문, 중국어신문, 일본어 신문을 만들어 제주의 글로벌 홍보에 기여한 바 있다. 여수에서 이러한 매체가 만들어지기를 희망한다. 국제 여행사를 포함하여 많은 외국인들에게 지역을 홍보할 수 있는 매체를 갖는다는 것은 엄청난 가치를 창출해 낼 수 있는 수단을 확보하는 것이다.

특히 박람회의 국제 홍보를 위해서는 영어, 중국어, 일본어 신문을 만들어 사전에 최대한 홍보를 해야 하고 박람회 기간에도 여수를 찾는 외국인들의 커뮤니케이션 장으로 활용해야 한다. 그 이후에는 지속적으로 글로벌 여수를 국제사회에 알리는 도구로 삼아야 한다. 가장 여수적인 것이 가장 세계적인 것이다.